Murasaki Shikibu / Sei Shonagon
Oda Nobunaga
Tokugawa Ieyasu
Tokugawa Mitsukuni
Sakamoto Ryoma
Atsuhime
Saigo Takamori

歴飯 ヒストリア

Rekimeshi Historia

監修
加来耕三
漫画
北神 諒
レシピ監修
後藤ひろみ

歴飯
ヒストリア
Contents

第1話

第2話

第3話

紫式部と清少納言　早わかり相関図

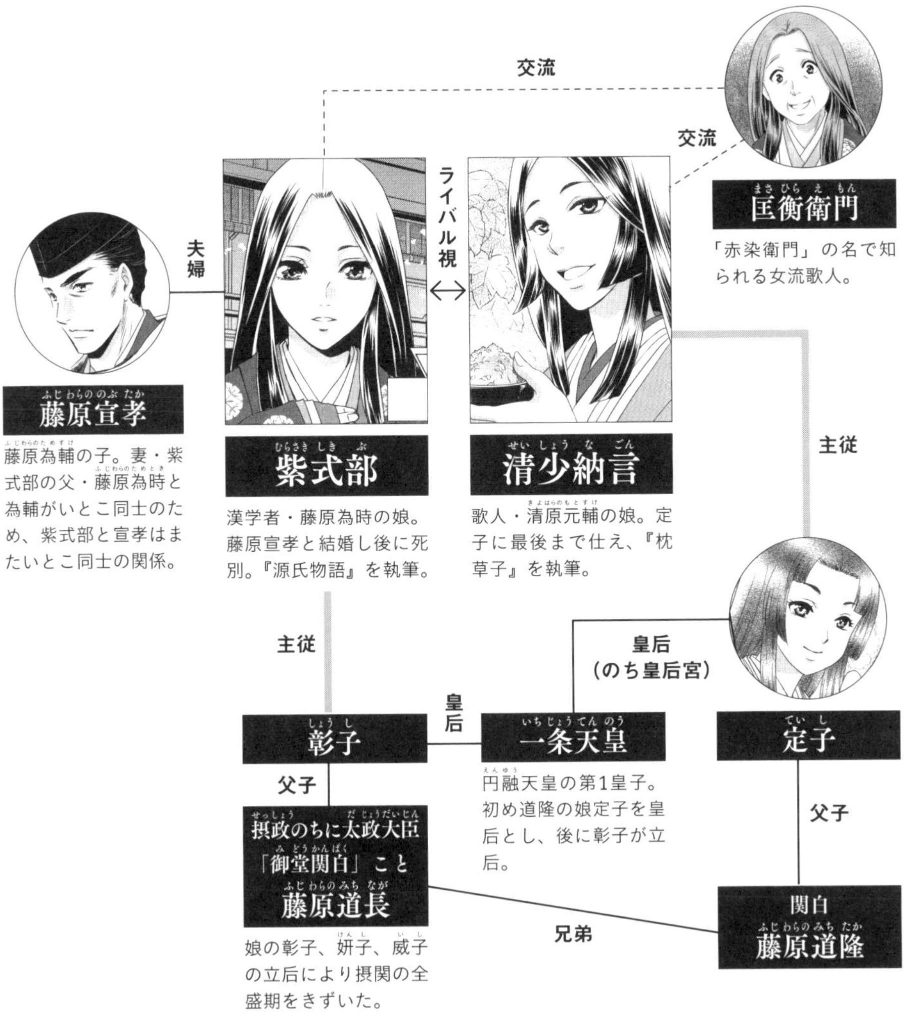

交流
交流
匡衡衛門《まさひらえもん》
「赤染衛門」の名で知られる女流歌人。
ライバル視
夫婦
藤原宣孝《ふじわらののぶたか》
藤原為輔《ふじわらのためすけ》の子。妻・紫式部の父・藤原為時《ふじわらのためとき》と為輔がいとこ同士のため、紫式部と宣孝はまたいとこ同士の関係。
紫式部《むらさきしきぶ》
漢学者・藤原為時の娘。藤原宣孝と結婚し後に死別。『源氏物語』を執筆。
清少納言《せいしょうなごん》
歌人・清原元輔《きよはらのもとすけ》の娘。定子に最後まで仕え、『枕草子』を執筆。
主従
主従
皇后（のち皇后宮）
皇后
彰子《しょうし》
一条天皇《いちじょうてんのう》
円融《えんゆう》天皇の第1皇子。初め道隆の娘定子を皇后とし、後に彰子が立后。
定子《ていし》
父子
父子
摂政《せっしょう》のちに太政大臣《だじょうだいじん》
「御堂関白《みどうかんぱく》」こと
藤原道長《ふじわらのみちなが》
娘の彰子、妍子《けんし》、威子《いし》の立后により摂関の全盛期をきずいた。
兄弟
関白
藤原道隆《ふじわらのみちたか》

平安時代を代表する女性の文人

紫式部と清少納言――。年譜風に言えば、清少納言のほうが多少先輩に当たるようです。清少納言が仕えた定子《ていし》は「関白」藤原道隆の娘で、紫式部が仕えた彰子《しょうし》は「摂政」藤原道長の娘。このことから、二人は対立関係で語られがちです。

定子の死去に伴い、清少納言は宮廷を辞去。一方、彰子は定子亡きあと後宮での地位を不動のものとしましたが、実父の道長との間に行き違いが生じます。そのため紫式部は道長に疎まれ、長和2年（1013）に宮廷を辞去。越後守《えちごのかみ》を務める父を頼り、傍輩と歌を詠みかわしながら日々を送ったとされます。

第1話

紫式部と清少納言―かき氷

美味なるものをやめられるはずありません

Rekimeshi Historia

＊渡殿…二つの建物をつなぐ渡り廊下。

寛弘《かんこう》六年(一〇〇九)秋
宮中・藤壺《ふじつぼ》の渡殿《わたどの》
カタン
紫式部《むらさきしきぶ》(30代前半)
右衛門権佐兼《うえもんのごんのすけ》
山城守《やましろのかみ》　藤原宣孝《のぶたか》
(紫式部の夫)
フル
フル
そういえば
鰯《いわし》の美味なるころだけれど……
……

遡《さかのぼ》ること十一年前
秋 藤原宣孝の屋敷
パチッ
ジュワァァ
プス
プス…
ケホッ
やはり鰯は
このように
炙《あぶ》るのが
一番の
美味だわ
さぁ、できた!
じゅわっ
サクッ

ホカ
ホカ
ぱくっ
ん〜〜〜〜っ♡
おいしい
はっ
何をしておる
見ての通り
鰯をいただいて
おります

そのような下々の者が食す卑しき魚を口にするとは……
みっともない
わたくしは身重です 食べなければ健《すこ》やかな子が生まれませぬ
それに…
日の本に はやらせ給ふいはし水 まゐらぬ人は あらじとぞ思う
この和歌は 鰯を食べたことを なじられた紫式部が 夫に向けて 詠んだ返歌 石清水《いわしみず》八幡宮に参らぬ人が いないように 鰯の美味を食さぬ人は いないとの意味
近頃 鰯は 身分が低うない者にも 好まれているようですよ

貴方もいかがです？
いらぬ！
まろが石清水へ詣でたことへの当てつけか
そのようなところが可愛くないのや！
あっ
……このように美味なるものを
やめられるはずはございますまい
好きなものを好きと言えないなど
おろかなこと……
そうは思われませぬか

＊匡衡衛門…「赤染衛門《あかぞめえもん》」の名で知られる女流歌人。中古三十六歌仙《ちゅうこさんじゅうろっかせん》の一《いつ》である。

十一年前の夫 宣孝との
鰯の件を思い出した紫式部は
信頼する女官 匡衡衛門に
つい愚痴をこぼす
匡衡衛門さま ——夫は歌は少し嗜《たしな》みましたものの 真名《まな》(漢籍《かんせき》)などは まったく疎く
きっぱり
退屈な男でございました
匡衡衛門《まさひらえもん》
…あらまだ『枕草子』を お読みになっていないのですか？
隣室から清少納言を褒め称える声が…
ええ さほどに面白いものですか？
もちろん！
隣の局《つぼね》
わたくしは まだ ここまでしか読んでおりませぬが 『あてなるもの』……
あはは…うふふ
……
紫式部は女官たちの話が不快だった
あぁ…
そういえば……
宮中・登華殿《とうかでん》

＊登華殿…中宮や女御《にょうご》などの居所。

＊清少納言…随筆集『枕草子《まくらのそうし》』の作者。一条天皇（第六十六代）の中宮《ちゅうぐう》・定子《ていし》に仕えた。

＊あまづら…つる草のアマチャヅルのこと。その樹液を煮詰めて甘味料とした。

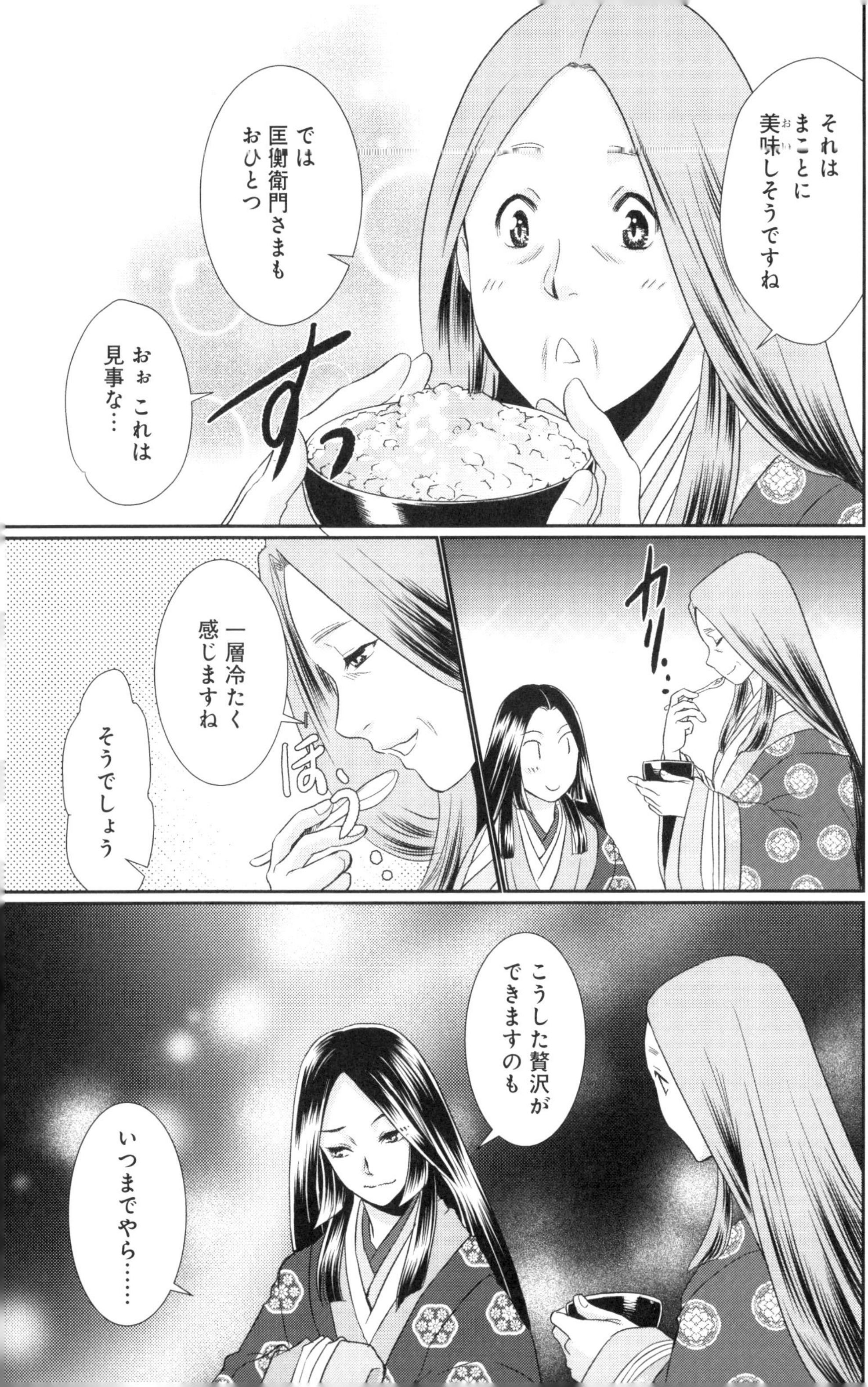
それは まことに 美味《おい》しそうですね
では 匡衡衛門さまも おひとつ
すっ
おぉ これは 見事な…
カリ…
一層冷たく 感じますね
ほぅ
そうでしょう
こうした贅沢が できますのも
いつまでやら……

定子さまの御父君の関白・道隆さま ついで弟の道兼《みちかね》さまが亡くなられてから
藤原定子《ていし》は十四歳で一条天皇に入内し、中宮となっていた…
左大臣・道長さまの権勢は増すばかり
……
後ろ盾を失った定子さまが不憫《ふびん》でなりません
仕方のないことにございます
わたくしたちの身分はお仕えする方の栄枯盛衰次第《しだい》でございますから
ぱっ
さっ溶けないうちにいただいてしまいましょう匡衡衛門さま

＊藤原道長《ふじわらのみちなが》…摂関政治最盛期の公卿。3人の天皇に娘を嫁がせて権力を掌握、「御堂関白《みどうかんぱく》」と呼ばれた。

そうですね
ああ そういえば
少納言さまは卵がお好きでしたね
そうでございます 世間には〝鳥の卵を食べると悪いことが起きる〟と申す方もおられるようですが
わたくしは気にしません
好きなものは好きでしたね
はいっ！

藤壺の渡殿
『枕草子』の草紙など……
あのように少納言さまのことを褒めそやす者がいまだに多く
嘆かわしいかぎりです
あらら
どうしてそのように
ふんす
あの方は得意げに真名《まな》など書き散らしておりますがよく見ると間違いも多いですし
あー
プイッ
大したことありませんわ

式部さま
そのような陰口はあまり申されるものではありませんよ
・・・
もちろんでございます
このような話をするのは
ふっ…
匡衡衛門さまの前だけでございます
あらまぁ
女同士の会話である…
ただ、紫式部は『式部日記』の中で清少納言を批判している

＊紫式部の生年は天禄《てんろく》元年（九七〇）頃、清少納言は康保《こうほう》三年（九六六）頃とされている。

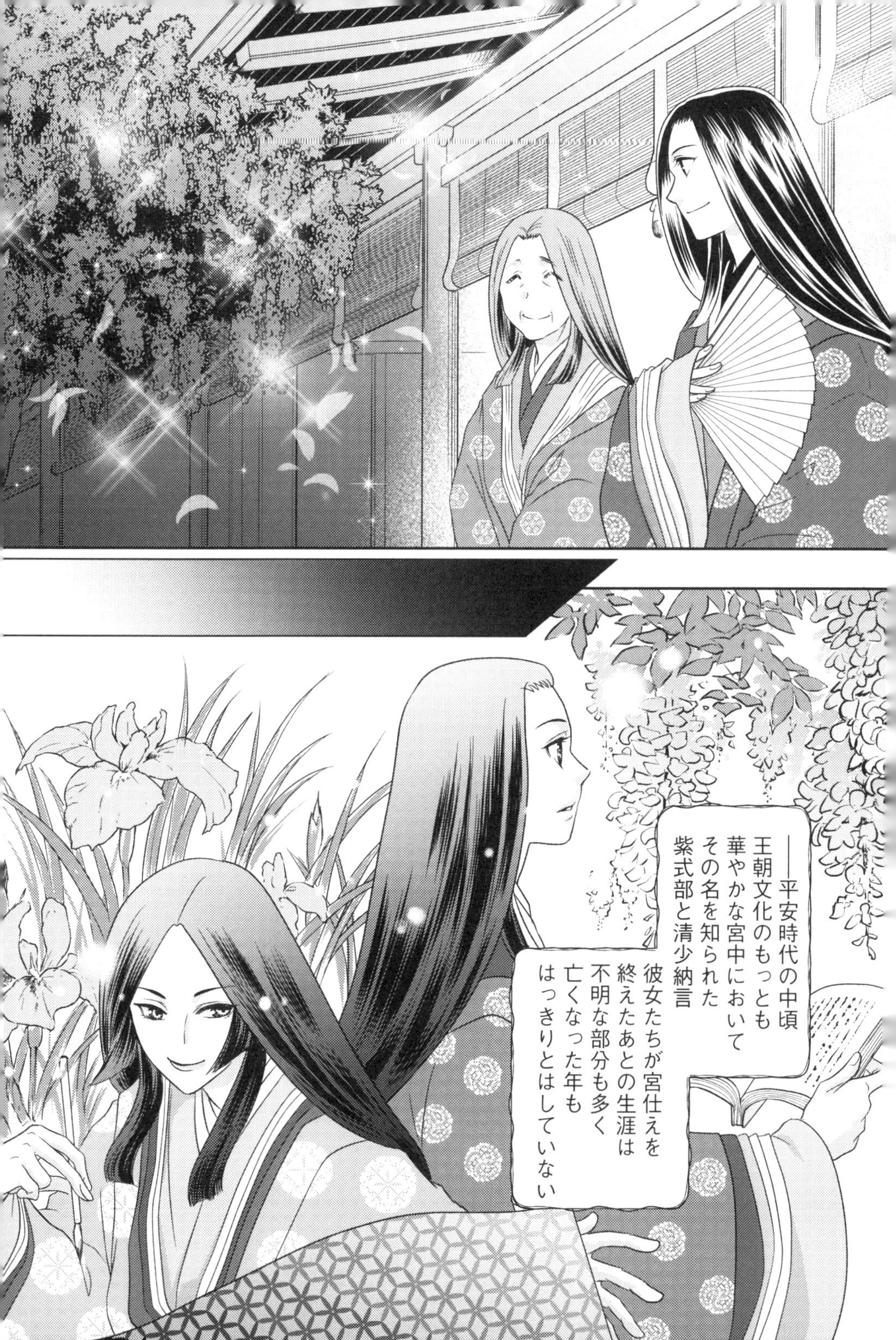
——平安時代の中頃
王朝文化のもっとも
華やかな宮中において
その名を知られた
紫式部と清少納言
彼女たちが宮仕えを
終えたあとの生涯は
不明な部分も多く
亡くなった年も
はっきりとはしていない

後藤ひろみの
歴飯
RECIPE

平安の才女も食した
あまづらのかき氷と小豆粥

口にしては卑しいと、
貴族に敬遠された大衆魚・鰯《いわし》ですが、
実は美肌と脳の活性化に効果が高い
DHAやEPAを豊富に含む
スーパーフード。
才能で生きる紫式部を支えた
塩焼きは普遍の美味といえます。
一方、あまづらのかき氷は、幻の美味。
山麓の洞窟・氷室《ひむろ》で
夏まで貯蔵した氷や、
ごくわずかしか取れないツタの樹液は、
昔も今も甘味の貴重品。
清少納言が描く
誰も真似できない雅《みやび》の世界です。

あまづらのかき氷　シロップやはちみつでもおいしい

材料（2人分）

落葉した真冬のツタの樹木
（直径3～5cm程度）……… 数十本
かき氷（家庭用かき氷機で作る）
…………………………………… 適量

作り方

一 樹木を10cm前後に切りそろえ、ポンプなどで圧力をかけて樹液を採取し、濾《こ》して不純物を取り除き、弱火で1/5になるまで煮詰める。

二 樹液を煮詰めたシロップを、『枕草子』にあるように金属の皿に盛ったかき氷にかけると風情がでる。

あまづらの主要糖分は果糖:ブドウ糖:ショ糖=1:1:3。メープルシロップはショ糖&果糖。砂糖は主にショ糖。ハチミツは果糖とブドウ糖。これらの甘味料を混ぜて代用しましょう。あまづらが作れるのは樹液糖度が高くなる真冬だけです。

小豆粥　“粥杖”でお尻を叩く行事と共に

材料（2人分）

米 ………………………………… 1/2合
小豆 ………………………… 大さじ2
水 ………………………………… 600cc
塩 ………………………………………… 1g

作り方

一 米と小豆はそれぞれ洗って一晩水に浸けておく。

二 小豆をかぶるほどの水で5分煮て煮汁を棄てる。

三 二でアク抜きした小豆と米、水を土鍋に入れ、火にかける。沸騰したら中火10分→弱火20分→火を止めて10分→弱火10分→火を止めて10分。

四 味見でお好みの柔らかさになったら塩を加える。

『枕草子』には、小正月の「望粥《もちがゆ》」に女房たちが粥をかき回す棒（粥杖）でお尻を叩く行事を楽しんでいたとあります。粥杖でお尻を叩くと子宝に恵まれるとの民間信仰がありました。

鰯の塩焼き　鮮度が命！目の澄んだ新鮮鰯で作りたい

材料（2人分）

真鰯 ……… 2尾（1尾が100g前後）
自然塩 ……… 小さじ1強（約5g）

作り方

一 鰯は柔らかな魚なので、素手で洗って鱗を取り、塩をまぶす。お腹は特にしっかり。

二 余熱した魚焼きグリルに乗せて中火で焼く。

三 こんがり焼き色がついたら引っくり返す。

四 裏面もこんがり焼き色がついたら出来上がり。

column

二大女流作家のさびしい晩年

◆ライバル登場

清少納言は清原元輔《きよはらのもとすけ》の娘として、康保三年（九六六）頃に生まれたとされています。父の元輔は『後撰和歌集《ごせんわかしゅう》』の撰者で〝梨壺《なしつぼ》の五人〟と称された歌人の一人。その娘として清少納言は、歌人的素養を培《つちか》うとともに、公家の生活におけるしたたかさも身につけていたようです。

橘則光《たちばなののりみつ》に嫁いで則長《のりなが》らを産みますが、のちに離別して第六十六代・一条天皇の後宮で、定子《ていし》のもとへ出仕し、華やいだ女房（朝廷に仕える女官）生活を送りました。

彼女はほぼ同時期に宮廷生活をすごした紫式部と比較されることが少なくありません。年譜風にいえば、定子に仕えた清少納言のほうが多少、先輩に当たるようです。

しかし、定子の父が「関白」藤原道隆《みちたか》であったのに比べ、紫式部が仕えた彰子《しょうし》の父は〝御堂関白《みどうかんぱく》〟と称された藤原道長（道隆の弟）でした。

文学的な才能にめぐまれた、清少納言と紫式部——。

前者が社交的なのに対して、後者は内向的といった具合に、性格が正反対であったとされています。

一方、二人の対抗意識は相当なもので、紫式部はその日記のなかで手厳しく清少納言を批判しています。

清少納言の好物は、日本最初の随筆『枕草子《まくらのそうし》』に登場する「あてなるもの」（優美で美しく上品なもの）。

現代語訳は次の通りです。

「優雅と美しく上品なもの。薄い色の白重《しろがさ》ねの汗衫《かざみ》（女性の夏の衣服）。かりこ（卵）。削り氷に甘葛《あまづら》を入れて新しい金属のお椀に入れたもの。水晶の数珠《じゅず》。藤の花。梅の花に雪が降りかかったところ。とてもきれいな幼子《おさなご》が、苺《いちご》をたべているところ」

注目すべきは、「削り氷に甘葛を入れたもの」、つまりは〝かき氷〟でしょう。日本では十七世紀に入るまで、砂糖は国産化されず、貴重な舶来品として扱われてきました。

砂糖は「沙糖」と表記し、サトウキビの汁を搾《しぼ》って煮詰めたもので、原産地はインドをはじめ南部アジアと伝えられています。

清少納言の時代は砂糖を「唐果《からくだ》物《もの》」と称し、お菓子の扱いをしていました。そのため氷にかけるわけにはいきません。『枕草子』の「つれづれなぐさむるもの」（退屈を紛らわせるもの）として、「くだもの」があがっています。当時は「菓」＝「果物」＝デザートであり、「沙糖」は区分上、こちらに入ります。

では、甘味を平安の女性たちは何に求めたのでしょうか。答えは先ほどの甘葛です。

蔓草《つるくさ》の一種から取った天然甘味料で、秋から冬にかけ、つるから搾《しぼ》った汁を煮詰めて濃縮させたものを、「甘葛煎《あまづらせん》」「味煎《みせん》」と称しました。

これを「氷室《ひむろ》」（宮廷専門の氷保存用冷凍庫）から取り出した氷を削り、その上からかけたものを、清少納言は食べたわけです。

◆砂糖は薬

ちなみに、砂糖を日本に最初に持ち込んだとされるのは、唐の高僧・鑑真和上《がんじんわじょう》でした。彼がもたらし、東大寺に献納されたものの中に、「蔗《しょ》糖《とう》」（蔗はサトウキビのこと）があり、これは黒砂糖のことでしょう。

もう一つ「石蜜」と記されたものがあり、「氷砂糖」のことではないかといわれています。砂糖は貴重品で、当初は薬として用いられ、甘味による疲労回復が期待されました。

さて、ライバルの対決――。

定子の父・道隆が亡くなったため、その子である藤原伊周《これちか》・隆家《たかいえ》が道長に左遷される事態となりました。勢いの傾いた定子は、まもなく死去。

これにともない清少納言も、宮廷を辞去したようです。彼女は約十年間、宮廷生活を送りましたが、主人の死による退出は、おそらくは寂しいものであったかと思います。

その後、清少納言がどのような生活を送ったかを示す資料は、残念ながら伝えられていません。「受領《ずりょう》」の後妻にでも落ち着いたのではないか、とも推測されていますが、詳しいことはわかっていないのです。

民間伝承の中には、落魄《らくはく》して（おちぶれて）漂泊したとか、零落《れいらく》してなお若い殿上人《てんじょうびと》を相手に啖呵《たんか》を切るような話が伝えられてはいるものの、史実であったかどうかは疑わしいところです。ただし、晩年に尼姿になったのは真相に近いようです。

紫式部と清少納言は、王朝文化を代表する女流作家。それでも、この時代の女性（中・下級貴族の娘）は、華やかな少壮年期を送りながらも、晩年は寂しい生活を余儀なくされた印象があります。

織田信長　早わかり相関図

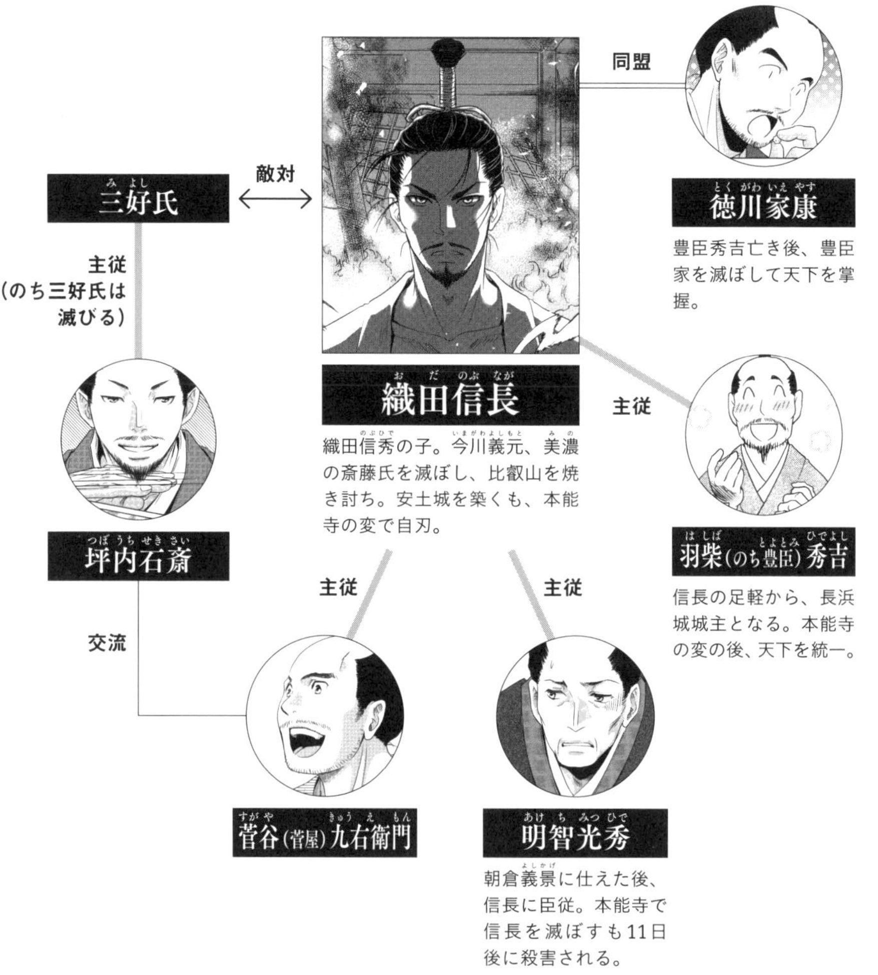
同盟
敵対
三好氏《みよし》
主従
（のち三好氏は
滅びる）
徳川家康《とくがわいえやす》
豊臣秀吉亡き後、豊臣
家を滅ぼして天下を掌
握。
織田信長《おだのぶなが》
織田信秀《のぶひで》の子。今川義元《いまがわよしもと》、美濃《みの》
の斎藤氏を滅ぼし、比叡山を焼
き討ち。安土城を築くも、本能
寺の変で自刃。
主従
坪内石斎《つぼうちせきさい》
羽柴《はしば》（のち豊臣《とよとみ》）秀吉《ひでよし》
信長の足軽から、長浜
城城主となる。本能寺
の変の後、天下を統一。
交流
主従
主従
菅谷《すがや》（菅屋）九右衛門《きゅうえもん》
明智光秀《あけちみつひで》
朝倉義景《よしかげ》に仕えた後、
信長に臣従。本能寺で
信長を滅ぼすも11日
後に殺害される。

不思議を否定した戦国の合理主義者

豊臣秀吉を従え、徳川家康と同盟を組んで天下取りにばく進した織田信長は、疑り深い合理主義者でした。

尾張に「大蛇が棲《す》む」という池がありました。信長は「左様なものはこの世にはおらぬ」と言って池の水をすべてかき出させ、途中から自ら池に飛び込み、大蛇がいないことを実証しました。

秘術・奇術で民衆の崇敬を集める「無辺《むへん》」という名の僧侶の噂を聞いたおりは、この僧侶を呼び出して、出生地などを質問。不思議の術を実演せよと追及しました。追い詰められた無辺は、人をだましたことを認めて追放され、のちに処刑されています。

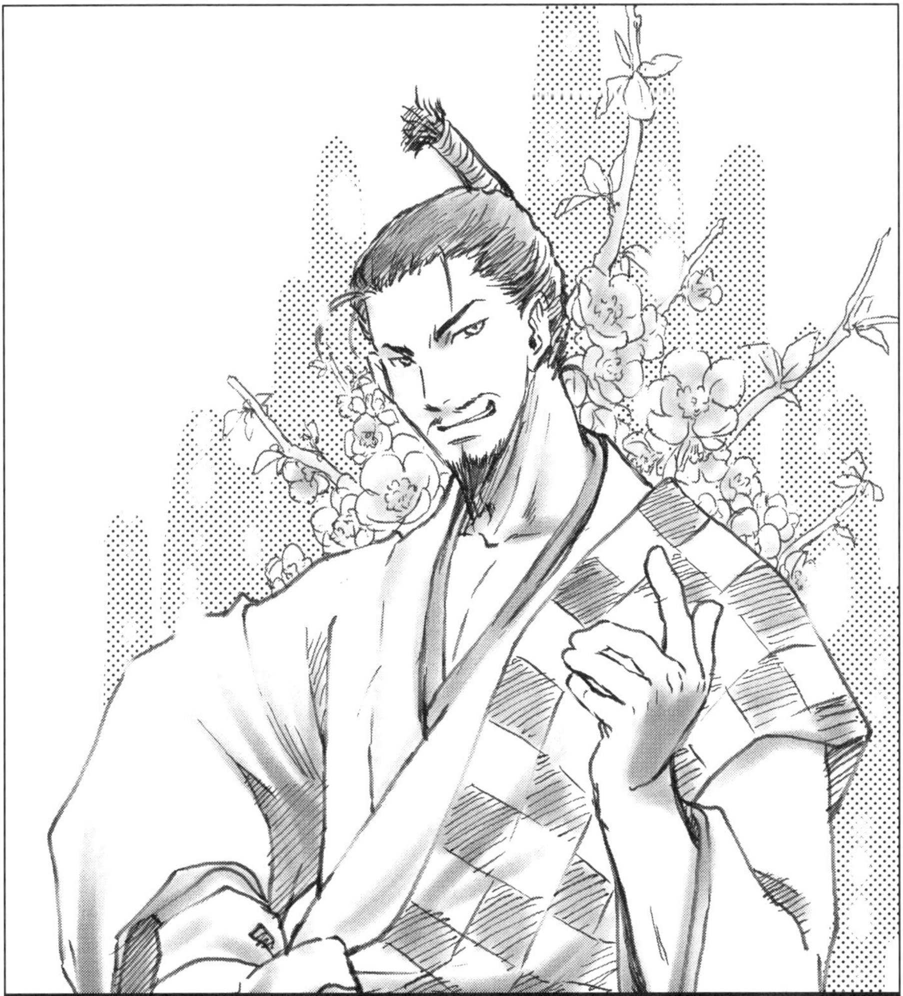

第2話

織田信長―京料理

料理人はおのれの舌を満足させればいい

Rekimeshi Historia

永禄《えいろく》三年（一五六〇）
五月十九日
清洲城
実勢二万五千の大軍を擁した駿河《するが》・遠江《とおとうみ》の太守今川義元（42）は織田領内に侵攻
信長は風前の灯火《ともしび》と思われたが…

歴史的な桶狭間《おけはざま》の
奇襲戦に勝利し
隣国・美濃（現・岐阜県
南部）の斎藤氏を滅ぼし
並みいる戦国大名に
先駆けて 信長は
上洛《じょうらく》に成功した

京都
妙覚寺《みょうかくじ》
永禄十一年（一五六八）九月
京都にはこびる三好三人衆を追い出した信長は
翌月十八日自ら擁した足利義昭《あしかがよしあき》を室町幕府十五代将軍に据えた
殿
三好がよき置き土産を残していきました
このときひとつの逸話が生まれた
申せ
菅谷《すがや》（菅屋）九右衛門《きゅうえもん》

これなる石斎は 京料理の名人
三好に仕えていたところを
われらに捕らえられました
天下に並ぶ者なき
包丁人との由《よし》に
ございます
坪内石斎《つぼうちせきさい》
何かつくってみよ
食って
うまければ
召し抱えてもよい
ははっ
……

バシャ
なんだ
この味は
役立たずめ
九右衛門 即刻
石斎の首を刎《は》ねよ！
か
畏《かしこ》まりました
承知いたしました
！
ししかし…
さればこの石斎に
今一度料理を作ることを
お許しください

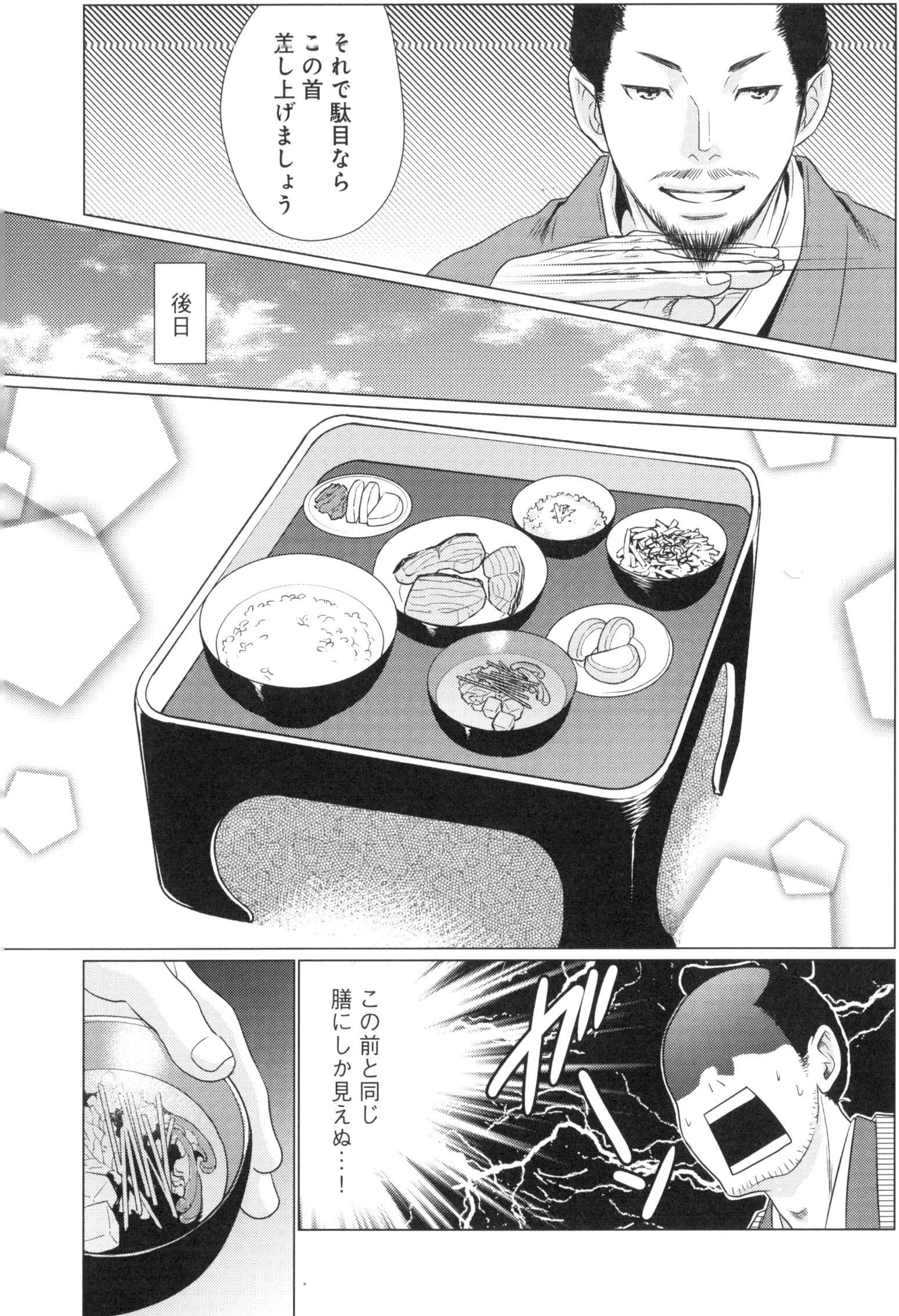
それで駄目なら
この首
差し上げましょう
後日
この前と同じ
膳にしか見えぬ…！

＊石斎は信長が濃い味を好むと読んで味付けをした…。
ズズッ
ほう
……
これは美味《びみ》じゃ！
それは恐悦至極に存じまするが…
……
ふん田舎者が濃い味付けで出せば喜びおって…
石斎のこの言葉はまわりまわって信長の耳に届いた
信長は九右衛門を呼びつけた
クッ
ガタ
ガタ

ゴゴゴゴ
今度こそ石斎どのは殺される…！
にっ
であるか
!?
信長にはおよそ劣等感というものがなかった
世の権威などというものはどうでもよく
料理人は主《あるじ》である己れの舌を満足させればそれでいいと考えていたのである
安土城

松平元康《もとやす》あらため
徳川家康との
同盟関係にも
助けられ
信長は〝天下布武《てんかふぶ》〟の
道をひた走っていた
天正九年
（一五八一）六月
天下布武は
目前にあった
宣教師 ルイス・フロイス
徳川家康
ぱくっ

＊信長はルイス・フロイスから献上される西洋菓子を好んだ。

これは……！
甘い
ふふ
これはどうじゃ
家康どの
ははっ
明智光秀
!?
はっ
すっ
光秀 この甘さは
疲れを吹き飛ばして
くれるぞ
くぇ
金平糖
……っ！
ほぅ。。。
これは
確かに…

にや…
〝天下布武〟の次は 朝鮮半島
明国――その次は インドを攻め取る
!!
ワナワナ
もう…

もう限界じゃ…
ゴオオオオオ
メラ
メラ
京都・本能寺
信長さま!
森蘭丸《らんまる》(18)
これは謀反《むほん》か
如何なる者のくわだてぞ
桔梗《ききょう》の紋…
明智の手のものと見受けられます
光秀か…
……

されば 是非に及ばず…
天正十年（一五八二）六月二日
信長は本能寺に その生涯を閉じた

さて
誰が
わしの跡を
継ぐか……
羽柴(のち豊臣)秀吉
……
あー……
フンッ
グオオオオオ

後藤ひろみの
歴飯
RECIPE

信長が「まずい」と一蹴した 京風の味

室町末期、形骸化した政権は
領国支配の力を失い、
群雄割拠の時代を招きました。
〃天下布武《てんかふぶ》〃をかかげ一躍名を馳《は》せたのは
形式より実を求めた織田信長。
濃味を田舎の象徴と嘲笑されても、
「田舎＝劣等」という価値判断に
左右されず、「都＝優秀」の象徴である
饗応《きょうおう》料理を「まずい」と一蹴します。
薄味は貴族化することでしか
権威を保てない幕府の象徴。
尾張の強い塩味（濃味）は
強靭《きょうじん》な時代の先駆者・信長の象徴です。

京風の昆布出汁　坪内石斎《つぼうちせきさい》が得意とした饗応《きょうおう》料理の基本

材料（2人分）

水 ………………………………… 500cc
（水に対して1%の昆布が目安です）
昆布 … 名刺サイズ（縦5cm×9cm）
1～2枚（5g）

作り方

一 昆布をふいて水に浸け、冷蔵庫で一晩置く。
二 一を鍋に移して火にかけ、沸騰直前で火を止める。冷めたら再度沸騰直前にして火を止める（1時間を目安に繰り返す）。

出来た出汁を半分に分けて食べ比べしてみましょう。
小さじ1/2杯弱の塩を1:2に分けます。
- **石斎の京風仕立て**
  出汁に少ない方の塩を入れる→とても上品な旨味と甘みが。
- **信長の田舎仕立て**
  出汁に多い方の塩を入れる→旨味、特に甘みが消えてしまう。

京風の煎《い》り酒《ざけ》　かつては醤油の代わりに刺身につけた

材料

日本酒（純米酒）………… 200cc
大粒梅干し …………………… 1粒

作り方

一 材料をすべて鍋に入れ、弱火で1/2の量になるまで煮詰めたあと濾す。

戦国時代は醤油がなく、代わりに使われたのがこの煎り酒。お刺身につけたり、茹でた旬の野菜にかけて上品で深い味を楽しめます。

焼味噌　戦国時代の携帯食

材料（2人分）

尾張の赤味噌 ………… 大さじ5
（尾張地方から取り寄せ可）

作り方

一 味噌を焼き水分を飛ばす（『日本兵法史』より）。※フライパン等を使用し弱火で加熱。

現代風アレンジ3種

❶赤味噌大さじ5＋胡麻大さじ2＋生姜すりおろし＆刻みネギ各大さじ1/2を混ぜ焼きます。
❷レシピ①＋刻み大葉2～3枚＋刻み甘《あま》長《なが》（獅子唐《ししとう》、ピーマンでも）1本＋砂糖大さじ2
❸フライパンに胡麻油大さじ2、レシピ②の材料を全部入れ、みりん大さじ2も加え焦げないように練り上げます。

「敦盛」と湯漬けを愛して戦場へ

◆しょせん、田舎者よ

織田信長が十五代将軍・足利義昭《あしかがよしあき》を擁し、上洛を果たしてすぐのこと。

側近の菅屋九右衛門《すがやきゅうえもん》は、京料理の名人・坪内石斎《つぼうちせきさい》が牢に囚《とら》われていることを知りました。石斎は将軍家の料理式法に明るく、秘伝料理では彼の右に出る者はいない、とまでいわれた魚鳥類を扱う「包丁人」。菅屋は石斎を主君の料理人に登用したいと思い、主君にとりなしました。

「喰ってうまければ、使ってやってもよい」

まずは、自身の五感で確認せねば気の済まないのが、信長です。相手が日本一の料理人であろうと、その名声のみで単純にありがたがったりはしません。

石斎は牢から出されましたが、料理をしくじれば、ふたたび囚《とら》われの身に逆戻りです。一心不乱に腕をふるったことでしょう。

ところが、箸をとった信長は、一とおり味見して菅屋を呼ぶと、

「あんなものが喰えるか！」

と大喝《だいかつ》。料理が下手では、生かしておく理由はない、早々と処刑してしまえ、といい出す始末です。

石斎は菅屋からこのことを聞き、

「よくわかりました。ですが、いま一度だけ、料理を差し上げることをお許し下さい。それで駄目なら、首を刎《は》ねていただいて結構です」

と要望しました。

翌日、ふたたび石斎の料理が信長のもとに運ばれました。内容は前回とほとんど変わりません。けれども信長は、打って変わって上機嫌となりました。料理に有能な〝人材〟を発掘したことで、狂喜したとも。

なぜ、このようなことになったのでしょうか。最初の膳こそは、石斎が腕によりをかけた料理でした。なるべく材料自体のもつ味を活かし、京風に仕立てた絶品です。それに比べ二度目は逆に濃味で、俗にいう田舎風の仕立てだったのです。

――しょせん、信長は田舎者よ。
皮肉を込めた石斎の〝真意〟は、回りまわって信長の耳にも届きました。激怒するかという周囲の恐れに反して、信長は平然としています。
信長には、他人に対する〝劣等感〟がありませんでした。京都が尾張国（現・愛知県西部）よりも上等だとは思いませんし、何事においても都風だから優れて良く、田舎風は劣る、という価値判断そのものが、最初からなかったのです。
いかに名人でも、主人である自分の舌を味覚で喜ばせなければ何の意味もない、というのが信長の論理でした。この石斎のエピソードは、信長の人となりを、端的に語っているように思います。食は人なりです。
そもそも戦国時代の武将たちは、信長にかぎらず、総じて粗食で濃味を好んでいました。合戦に明け暮れ、体力を消耗する武将たちは、落ち着いて都風のご馳走を食べる、ゆとりなどなかったのでしょう。

◆合戦前の湯漬け飯

資料を見るかぎり、信長は湯漬け飯ばかりを食していた感があります。駿河（現・静岡県中部）の国主・今川義元《いまがわよしもと》が、織田領内に攻め入った時のこと。義元はいくつかの砦を陥落させる戦勝を立て、桶狭間《おけはざま》で昼食にかかることになりました。
一方、清洲《きよす》城にいた信長は前夜、各前線からの敗報に接しながら、さっさと寝室へ退きましたが、夜半すぎに起き出すと、にわかに出陣の触れを全軍に発します。世に名高い、「桶狭間の合戦」の始まりです。
出撃に際して信長は、「人間五十年、下天《げてん》のうちを比《くら》ぶれば……」と『敦盛《あつもり》』の一節を舞い、『信長公記《しんちょうこうき》』によれば、「具足よこせ、と仰せられ、御物具《おんもののぐ》めされ、立ちながら御食《みけ》を参り」とあります。湯漬けを流しこんで、戦場に臨んだようです。
また、京に攻め込んだ三好三人衆らによって、本圀寺《ほんこくじ》の将軍義昭が包囲された、との危急の知らせを受けたおり、信長は大雪の中、行程を縮めて京都に到着しました。このときも湯漬けをサラサラと流しこみ、軍議に臨んだ、と記録にあります。
もうひとつの好物ともいえる果物についても、若き日の信長の〝大うつけ〟ぶりを紹介する記述の中に、「町を御通《おとお》りのとき、人目を御憚《はばか》りなく、くり、柿は申すに及ばず、瓜《うり》をかぶりくひになされ」（『信長公記』）とあります。よほど、果物を好んでいたようです。
信長はあらゆる〝既成《きせい》〟を否定し、固定観念から抜け出して、天下統一のあと一歩まで迫り得ました。
人物の人となりは、「食」を通じて見ると、よくわかるものです。

徳川家康　早わかり相関図

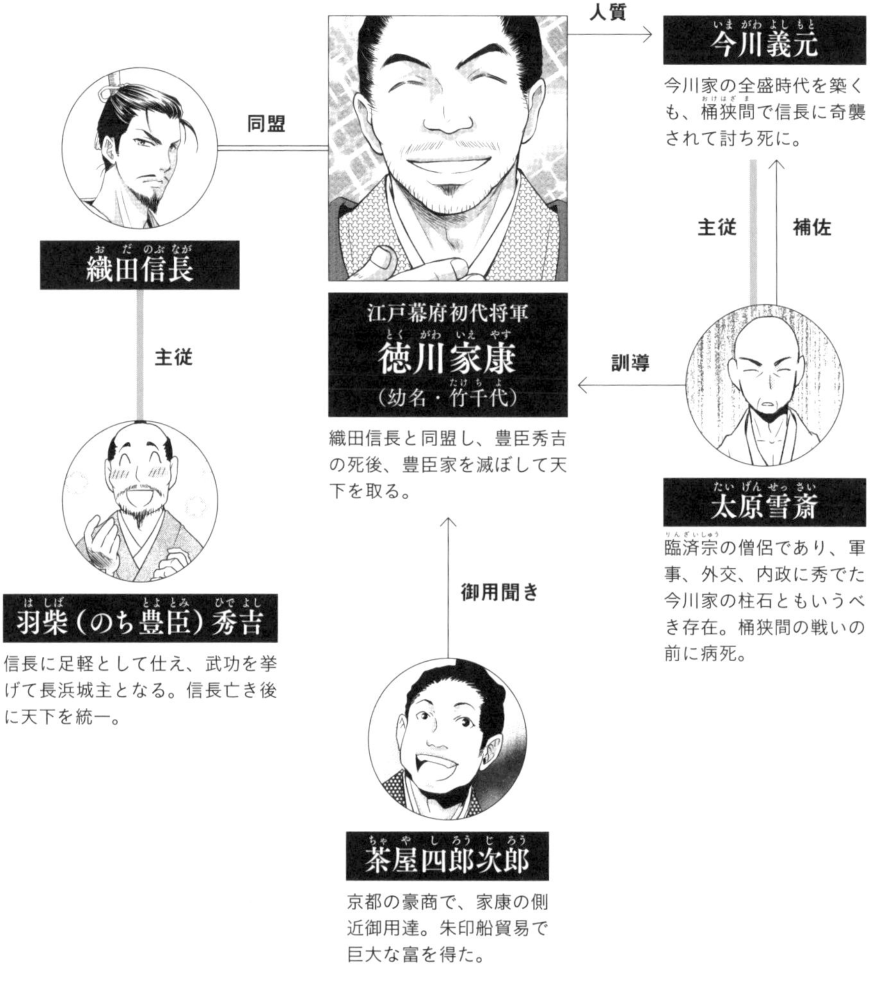

人質
今川義元《いまがわよしもと》
今川家の全盛時代を築くも、桶狭間《おけはざま》で信長に奇襲されて討ち死に。
同盟
織田信長《おだのぶなが》
主従
補佐
主従
江戸幕府初代将軍
徳川家康《とくがわいえやす》
（幼名・竹千代《たけちよ》）
織田信長と同盟し、豊臣秀吉の死後、豊臣家を滅ぼして天下を取る。
訓導
太原雪斎《たいげんせっさい》
臨済宗《りんざいしゅう》の僧侶であり、軍事、外交、内政に秀でた今川家の柱石ともいうべき存在。桶狭間の戦いの前に病死。
羽柴《はしば》（のち豊臣《とよとみ》）秀吉《ひでよし》
信長に足軽として仕え、武功を挙げて長浜城主となる。信長亡き後に天下を統一。
御用聞き
茶屋四郎次郎《ちゃやしろうじろう》
京都の豪商で、家康の側近御用達。朱印船貿易で巨大な富を得た。

信長、秀吉に従った短気の人

「鳴かぬなら鳴くまで待とうほととぎす」「人の一生は重荷《おもに》を負《おう》て遠き道をゆくがごとし」――。

家康を語るときによく使われる言葉ですが、実はこれらは明治時代になって第三者が創作したもの。実像の家康は短気だったといわれています。

緊張すると爪を噛むのが癖で、合戦の際に目の前を横切った配下の部将を、無礼討ちにしようとしたエピソードもあります。

ただ、織田信長の死後、豊臣秀吉に臣従し、秀吉の死後、豊臣家を滅ぼして天下を掌握したのは事実。その生き方から、「気が長い男」と評されるようになりました。

第 3 話

徳川家康―天ぷら

志のある者はみだりに新奇な物を食わぬ

Rekimeshi Historia

元和《げんな》二年
（一六一六）
駿府から西南へ
十五キロの
御狩場
て……
天ぷら？
バサッ
とにかく
おいしゅう
ございます
……
茶屋四郎次郎《ちゃやしろうじろう》
（二代目）
うーむ…
徳川家康（75）
家康の居城
駿府城《すんぷじょう》

＊茶屋四郎次郎は京都の豪商である。

この見慣れぬ料理が天ぷらか？
新奇な料理じゃのぉ

はい 今日は鯛を用意しました
天ぷらはポルトガル国の料理法でして
油にて食材を揚げていただきます
大御所《おおごしょ》（家康）さまはいつも粗食ゆえ
たまにはこういった物はいかがかと…
じゅわっ

＊家康は「健康」という概念がない時代に、鳥銃（射撃）を日に3発、弓も連日稽古し、鷹狩りで汗をながした。そして日々、粗食を心がけた。

ぱくっ
さくっ
はふ
はふ
美味《うま》い！

駿府・臨済寺《りんざいじ》
はぐ・・
竹千代(のち家康)
麦飯
幼少時の家康は
今川義元の人質として
今川家の有能な
重臣となるべく
義元の軍師
太原雪斎《たいげんせっさい》の
英才教育を
受けていた
味気ない・・・
ふう

もっとよい物を食したいか
いえ そんな……
ギッ
三河におるそちの家臣たちはもっと粗末な物を食しておる
!
ハッ
……
いずれそなたは世に出てもっと良い物を食せるようになるであろう
もぐ

だがな
天下六十余州の
百姓どもは
この程度の物すら
食しておらぬのだ
乱世ゆえな……
口に入る物があれば
それでもましというもの
いつの日にか
一国一城の主《あるじ》となっても
この麦飯の味を
忘れてはならぬぞ
ぱくっ
コクン

＊天下六十余州…日本全国の意。

浜松城
家康が三十代半ばのころ
信長は家康に桃を贈った
家康が信長とともに武田家と戦っていた頃の話である
十二月に桃とは珍しいな

＊古代中国では桃は不死の果物とされ、戦国時代の日本では高価で珍しい食べ物だった。

上様（信長）も
そう申されまして
ぜひ家康さまに
召し上がって
いただこうと
うむ
信長さまに
くれぐれも家康が
感謝しておったと
お伝えしてくれ
ははっ
パタン
……
さて

……
誰かこの桃を食したい者はおるか？
!?
織田さまからの頂き物ではございませぬか！
殿は召しあがらないのですか……
たべたひ
本多正信《ほんだまさのぶ》

志《こころざし》のある者は
新奇《しんき》な物は食わぬものよ
!!
…!

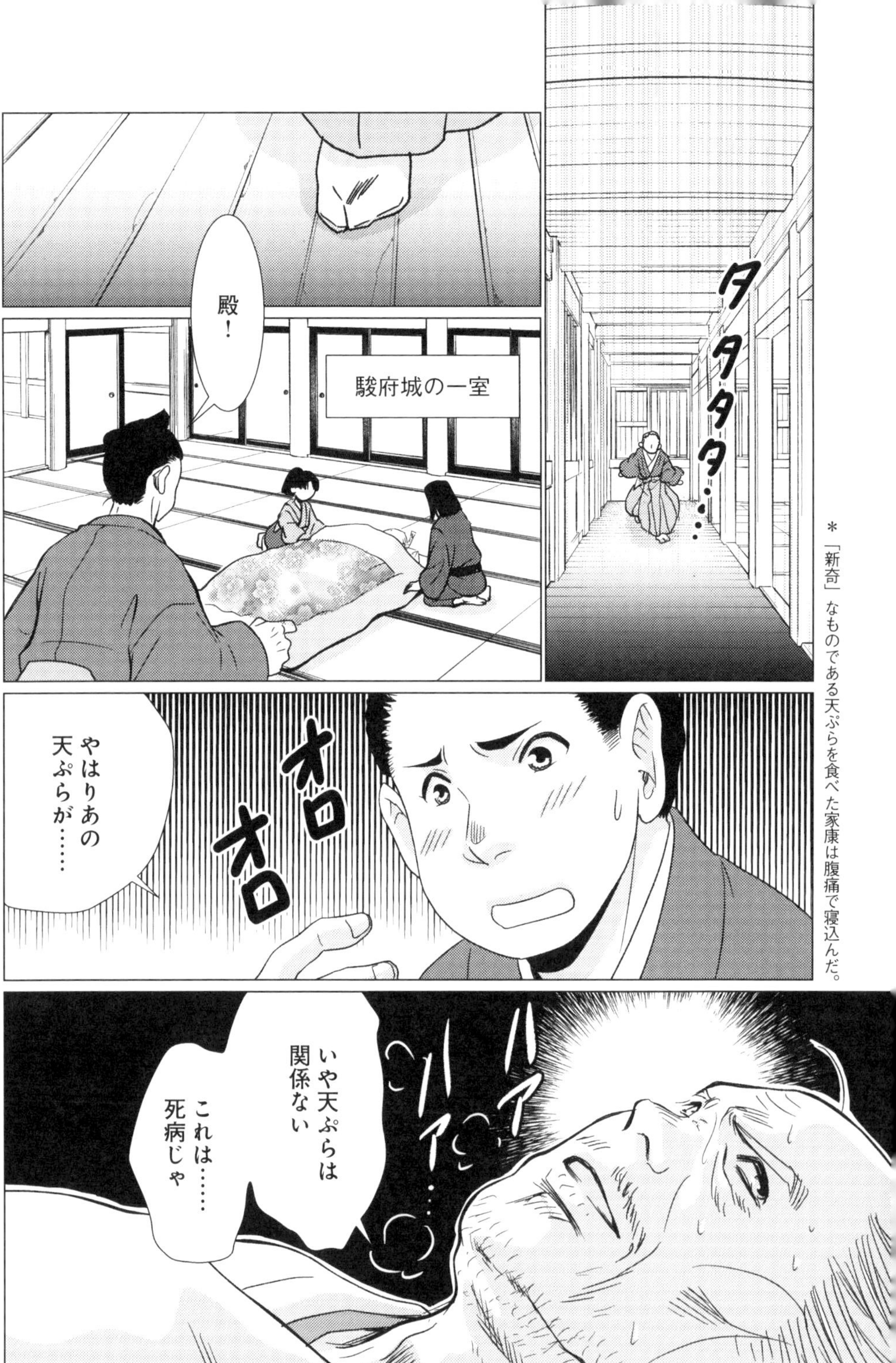
タタタタ……
駿府城の一室
殿！
オロオロ
やはりあの天ぷらが……
ハァハァ……
いや天ぷらは関係ない
これは……死病じゃ

＊「新奇」なものである天ぷらを食べた家康は腹痛で寝込んだ。

＊漬物…古くは平安時代の書物に登場し、室町時代から普及した。「香の物」と呼ばれ、主に糠漬や粕漬であった。江戸時代から「漬物」と呼ばれるようになった。

！
遺言を申すゆえ
用意せよ
米こそが天下の基礎である
余は天下をさよう設計した末代まで余の定めた通りにせよ……
あ。
？
は？。
そうじゃ大根の漬物がうますぎるぞ

はあっ
うまければ食が進むではないか
腹一杯に米が食える
これこそが泰平の世じゃ
だが美味・珍味はたまさかでよい

江戸幕府は
自給自足を原則に
人間の値打ちを米の
取り高で格付けしたが
元禄《げんろく》ごろから
貨幣経済が発達し
米を基礎とした
幕府の財政システムは
破綻する
人間 おいしいものを
知ると
なかなか
粗食には戻れない
家康の幕府を
瓦解《がかい》させたのは
米を腹一杯食べる
しあわせが
美味なものを
食べるしあわせに
あるいはとって代られた
からかもしれない

後藤ひろみの歴飯 RECIPE

家康の命を奪ったといわれる 鯛の天ぷら

戦国乱世を終わらせ、
泰平の世をもたらした徳川家康。
75歳という驚異の長寿で勝ち残り、
日本を征しました。
人質だった不遇の幼少期に
「己れの身は自身で守る」と
学んだのでしょうか、医学と食に精通。
人質時代の常食だった
麦飯と赤味噌を、
のちのちまで奨励しました。
好奇心も健康の秘訣だったようで、
最晩年には異国の味
天ぷらまでも食しています。

鯛の天ぷら　当時は素揚げ、今回は粉をまぶして

材料（2人分）

鯛の切り身 ………… 半身1さく
（200g前後。なければ刺身）

塩 …………………………………… 適量

米粉と薄力粉 ………………… 適量
（同量混ぜる。てんぷら粉で代用可）

榧《かや》の油 ………………………… 適量
（なければ胡麻油かサラダ油）

にんにく …… 1片（ニラでもOK）

家康が食した天ぷらは素揚げのようなものでした。これだと味が逃げてしまうので粉をまぶしましょう。

作り方

一 鯛を4切れにそぎ切りして薄く塩をふり、15分放置。浮いてくる水分をキッチンペーパーで拭き、米粉と薄力粉をまぶす（サクッと仕上げるコツ）。

二 天ぷら鍋に油を入れ180度に熱する。

三 鯛を油に入れる。少し色づいたら油から持ち上げて空気に触れさせ、裏返して油に戻す。火加減は中火。きつね色になり、気泡が小さくなったら完成！

四 皿に盛りすりおろしたにんにく、またはニラを添える。

▶家康の死の真実は

『徳川実記』には、家康がどんどん痩せていき、吐血、黒色便、腹にしこりがあったと記録されており、家康の死因は天ぷらではなく胃がん説が有力です。

土鍋で麦ごはん　おこげの香りが漂ったら…

材料（茶碗4杯分）

米 ……………… 2合（1合＝180cc）

水 …… 400cc　プラス大さじ4

麦 ………………………… 大さじ2

＊基本的な割合 …… 米：水＝1：1.2
麦：水＝1：2

作り方

一 米を研いでザルに上げ水を切り、分量の水に浸けて吸水（ボウルで夏は30分、冬は1時間以上）。

二 吸水した米を水ごと土鍋に移し、麦を加え、蓋をして中火にかける。

三 10分弱で沸騰し、勢いよく湯気が出たら最弱火で約15分。湯気が見えなくなり、香ばしいおこげの香りが漂ったら一瞬強火（3～5秒）にして火を止め、10～15分蒸らす。

具だくさんの八丁味噌汁　八丁味噌は赤味噌のこと

材料（2人分）

昆布出汁（水500ccに名刺大の昆布5gを一晩漬けておく）

お好みの青菜 ……………… 適量

蕪《かぶ》や里芋など根菜類 …… 適量

八丁味噌 ………… 大さじ2ほど

作り方

一 根菜類は火が通りやすいよう拍子切りにし、出汁で柔らかくなるまで煮る。青菜を加え、しんなりしたら味噌を溶き入れて出来上がり！

生涯、粗食を貫いた天下人

◆食べ過ぎた天ぷら

家康は天下人となってからも〝吝《りん》嗇《しょく》〟、つまりはケチを奨励していました。

しかし世間からは、この吝嗇が嫌われ、疑われていたようで、彼がこの世を去ると、人々は「ざまあみるがいい」と言いたげに、その死因を天ぷらの食べすぎだと噂しました。「質素倹約を唱えながら、自分ひとりが南蛮《なんばん》料理を食したからだ」

家康がこれを聞けば、おそらく烈火のごとく憤ったことでしょう。

無理もありません。彼は七十五歳でこの世を去りましたが、この時代としては長寿といってよく、死因も今でいう胃がんでした。

家康が天ぷらを食べたのは、鷹狩りの供の中に、京都の呉服商・茶屋《ちゃや》四郎次郎《しろうじろう》がいて、天ぷらについて語り、興味を示した家康が、ぜひ作ってみよと命じたからでした。

天ぷらのたねに鯛を用いましたが、おそらく衣をつける今の天ぷらとは違い、素揚げのようなものだったかと思います。使用した油は、胡麻油かひまし油でしょうか。薬味もニンニクか韮《にら》のすりおろしをかけた、などの諸説があります。

家康はその夜、腹痛をもよおしましたが、それが食べ過ぎによるものではないことに、素早く気づいたのは、ほかならぬ家康本人でした。

この天下人は武将でありながら、医療にも並々ならない知識を持ち、診察もでき、薬も自身で調合できたといいますから、凄いものです。

当時の医療レベルはいまだ稚拙《ちせつ》で、家康は徳川家の総大将として、己れの身は自分で守らざるを得ませんでした。なにより彼が卓越していたのは、今でいう予防や保健医学を意識した、環境づくりを模索・実践していた点です。

たとえば、流行《はや》りつつあった梅毒の予防として遊女を生涯、寄せつけませんでした。運動が健康によいとの認識から、鷹狩りを自身に課していた形跡もあります。

家康は自らが死病だと診断、膨大な政務を順次処理し、必要な人々すべてに遺言を残し、遺産分けを終えてこの世を去りました。彼は質素倹約を語る方便として、自分の死までも利用したのかもしれません。

「天ぷらなどの珍奇なものは、食べぬにこしたことはないぞ」

と、暗に徳川家の人々に言いたかったようにも思えます。

◆桃と麦飯戦略

家康が織田信長と同盟を結んでいた若い頃のこと。信長から見事な桃が一籠《ひとかご》送られてきました。古代中国では、桃は不死の果物とされ、当時の日本では珍しく、高価なものでした。しかし家康は渋い顔をして、

「珍物《ちんぶつ》を好み、山林河海に金銀や労力を費やしては、士卒を養うたくわえも尽き、士気にもかかわる」

そう言って、ついに食べませんでした。家康は粗食で質実剛健の生活を維持することが、戦国生き残りの必須条件とみなしていたようです。

ですが皮肉にも、戦乱の世を勝ち抜いたことは結果として、自身の領土を拡張し、家臣団の生活を向上させることになり、そのため家康は躍起になって吝嗇を説きました。とくに具体的に用いたのが麦飯です。

形の上で家督を子・秀忠《ひでただ》に譲り、駿河に隠居した家康は、鷹狩りの際に、これみよがしに麦飯や焼き飯に焼味噌を持参しました。

効果は上々で、家康の麦飯は相当有名になりました。そのため、麦飯にまつわる挿話も残されています。

たとえば家康が瀧善左衛門《たきぜんざえもん》という商人の家に立ち寄ったときのこと。家康は食卓を目撃したようで、翌日、善左衛門と囲碁をしたとき、いつになく不機嫌にこう言いました。

「白米の飯を食べるような心得では、先が思いやられる」

あせった善左衛門がとっさに、昨日のあれは白米ではなく、豆腐かすをかけた麦飯でございました、と言い逃《のが》れしたところ、家康の機嫌がなおったといいます。

しかし、家康がいかに孤軍奮闘しても、時勢には勝てません。無事泰平の世になると、物資の往来は整備され、盛んになり、人々の生活をいやが上にも向上させました。

また、煙草や菓子といった南蛮渡来の品々がもたらされ、高価ではあっても、未知なる品や味は瞬く間に、日本中を魅了してしまいます。

贅沢は敵だ、と唱え続けた家康ですら、その死後の財産分与をみると、多くの南蛮品に親しんでいたようです。〝美味しいもの〟には、天下人も庶民も勝てなかったのでしょう。

徳川光圀　早わかり相関図

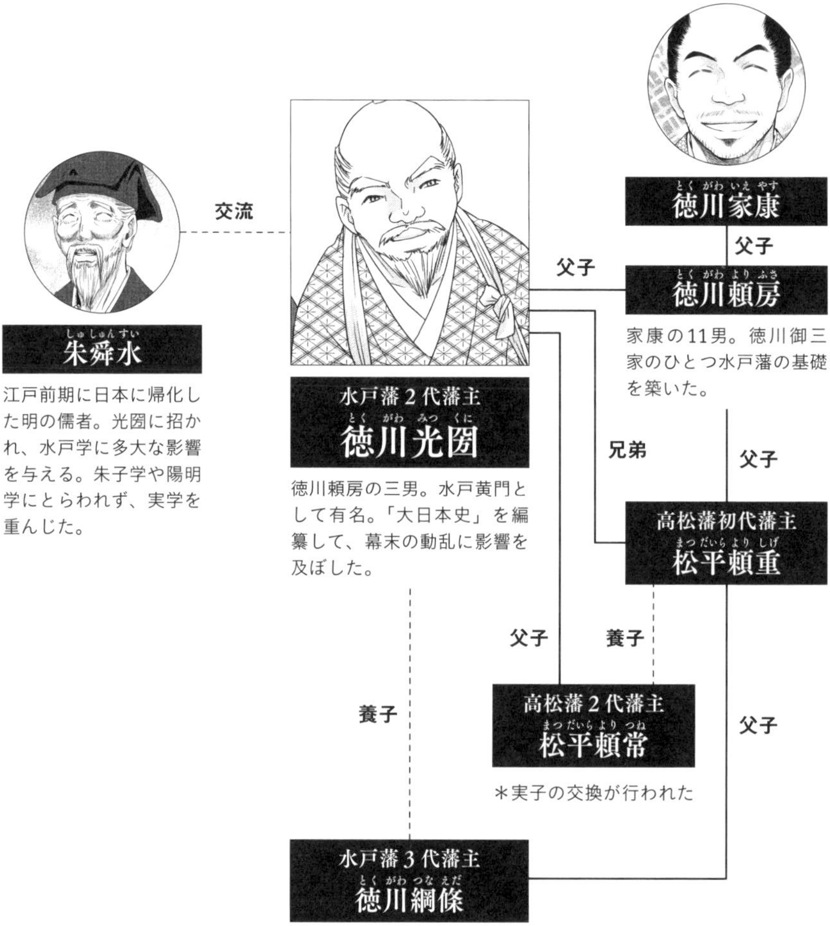

交流
朱舜水《しゅしゅんすい》
江戸前期に日本に帰化した明の儒者。光圀に招かれ、水戸学に多大な影響を与える。朱子学や陽明学にとらわれず、実学を重んじた。
水戸藩２代藩主
徳川光圀《とくがわみつくに》
徳川頼房の三男。水戸黄門として有名。「大日本史」を編纂して、幕末の動乱に影響を及ぼした。
徳川家康《とくがわいえやす》
父子
父子
徳川頼房《とくがわよりふさ》
家康の11男。徳川御三家のひとつ水戸藩の基礎を築いた。
兄弟
父子
高松藩初代藩主
松平頼重《まつだいらよりしげ》
父子
養子
養子
高松藩２代藩主
松平頼常《まつだいらよりつね》
＊実子の交換が行われた
父子
水戸藩３代藩主
徳川綱條《とくがわつなえだ》

諸国漫遊は幕末の講釈師が創作した

助さん、角さんを従えて諸国を旅する水戸黄門――。この諸国漫遊を事実と信じている人もいるようですが、実は徳川光圀は旅をしていません。

光圀は『大日本史』の編纂を家臣に命じ、彼らが京都や九州まで、史書探索の旅に出たのです。その中に佐々介三郎《さささすけさぶろう》、安積覚兵衛《あさかかくべえ》がいて、助さんと角さんになったとされています。

光圀の家臣が諸国にとんだことから、幕末に講釈師の桃林亭東玉《とうりんていとうぎょく》が十返舎一九《じっぺんしゃいっく》の『東海道中膝栗毛』をヒントに『水戸黄門漫遊記』を創作。最後に印籠を掲げて正体を明かすのは戦後のテレビからだといわれています。

第 4 話

徳川光圀―ラーメン

明の儒学者からそば作りと学問を受ける

Rekimeshi Historia

ダァーン
ぐっ
ぐっ
ぐっ
朱舜水《しゅしゅんすい》
徳川光圀《みつくに》
殿!
おやめください!
御自《おんみずか》ら そのような下賤《げせん》のするようなことを……
ビクッ
控えよ!

＊朱舜水…中国明末清初の儒学者。明王朝の復興運動に失敗し、日本へ亡命・帰化。徳川光圀に招かれ、水戸学（国学）に多大な影響を与えた。

はるばる明国より参られた
朱舜水どのが
伝統のそば作りを
御自《おんみずか》ら指導くださると
いうのだ!
そちに任せるわけには
いかぬ!
こ これは大変なご無礼を
いたしました……
日本で初めて
ラーメンを
食べたのは
〝水戸黄門〟として
知られている――
水戸藩二代藩主・
徳川光圀であると
伝えられている
さて
つづきじゃ
元吉原《もとよしわら》――

若き日の光圀
フウ
江戸・元吉原《もとよしわら》――
水戸の殿様にお成りになる方がこんなことをしていてよいのでありんすか？
……
構わぬ
俺は殿様になぞなりたくないのに上様だかどなた様だかが勝手に決めおったことだ

若い頃の光圀（光国）は
自分が兄・頼重《よりしげ》を差し置いて
水戸徳川家の家督を継ぐ
ことについて
申し訳ない気持ちから
荒れていたという
フラ…
ガッ
ちっとも
面白う
ないわ
スラリ
きゃあああぁ
わあぁぁ
うわぁぁ
俺が
面白い踊りを
見せてやる！
ブン
ブン
ははははは

剣の舞を
ご覧じろ!
わははははは
!!
涼しい顔を
しおって
少々肝を冷やして
くれようぞ
ブンッ
おやめください!
ビュオッ
!!
ガッ

ヒィィィ
ジィ…
しまった…
止めるはずが…ッ
サァー…
花魁《おいらん》 傷は
大丈夫
着物が少々
切れただけで
ありんす
うぁぁん
タッ
ゴク

とたた
……
…家督《かとく》を主《ぬし》さんにお譲りになった
兄上様のお気持ちをお考えになったことはありんすか？
……
すっ…
史記《しき》伯夷列伝《はくいれつでん》
殿様にお成りあそばすならもう少し人の気持ちをお考えなんし

＊史記…前漢の歴史家・司馬遷《しばせん》が撰した歴史書。

——それに ここは吉原
ピシャッ
刀で遊ぶ ところじゃ ござんせん
ふら…
ドシーン
パラ…
史記 伯夷列伝——

パラ…
そこには
古代中国・殷代《いんだい》末期
孤竹国《こちくこく》の二人の王子の
話が語られていた
父の遺言により
長男の伯夷《はくい》ではなく
三男の叔斉《しゅくせい》が跡目を
継ぐことになったが
叔斉は兄を差しおいて
位に就くことを
良しとはしなかった
だが弟に跡目を継がそうとした
伯夷は国を捨てて他国へ逃れ
叔斉も兄を追って出国してしまい
最終的に
兄弟は他国にて
餓死してしまう

……
兄上…
数十年後
水戸城
わたしが叔父上の養嗣子《ようしし》として水戸徳川家を継ぐなど…
徳川綱方《つなかた》
叔父上(光圀)には実子の頼常《よりつね》どのがおわすではございませぬか
すっ…
もう決めたことぞ
伯夷列伝

読め…
え?
?
光圀は実子の頼常を養子に出し
兄・頼重の長男である綱方をもらいうけて養嗣子《ようしし》とした
兄を差しおいて水戸徳川家を継いだことを元に戻したかったからだ
綱方は家督相続前に病死したが その弟の綱條《つなえだ》が水戸藩を継いだ
トン
トン
トン

コト
出来ましたぞ
朱舜水どの
スッ
ずるる…
ドキ ドキ

まことに結構にございます
わはぁっ
ははは
ああ…
兄上（頼重）にも食べさせてあげたかった…
中華四千五百年の系譜は北狄《ほくてき》（満州族＝清国）によって断たれました
これから中華を継ぐべきは万世一系の天皇をいただく日本国にございましょう

うむ
しかしな 日本と明国は 異なる
わははははは…!
おそらく 明国のそばも
日本流の食べ物に やがて変わって いくじゃろう
その後『史記』に 大いに啓発された 光圀は
『大日本史』の 編集を開始
大日本史 一
上表 序
第一巻 本紀
神武天皇 綏靖天皇
安寧天皇 懿徳天皇
孝昭天皇 孝安天皇
孝霊天皇 孝元天皇
開化天皇
第二巻 本紀
崇神天皇 垂仁天皇
景行天皇 成務天皇
幕末の尊王攘夷《そんのうじょうい》 思想の源となった 「水戸学」である――

後藤ひろみの
歴飯
RECIPE

光圀風ラーメン

“副将軍”の好奇心を満たした至福の味

無類の麺好きで、自ら饂飩《うどん》などを作り
家臣に振る舞った話が遺《のこ》る徳川光圀。
朱子学を尊ぶ光圀が招いた朱舜水《しゅしゅんすい》は、
学問のみならず中国式の麺と
スープの知識を伝授しました。
朱舜水言行録『朱文恭遺事《しゅぶんきょういじ》』によると、
藕粉《オウフェン》（蓮根の粉）をつなぎにした麺、
火腿《フォトエイ》（豚肉の塩漬けハム）でとったスープ、
薬味は五辛（五種の辛味野菜）。
「水戸学」で知られる光圀、
その旺盛な好奇心を満たした
至福の味です。

中華麺（光圀風） 袋の上で元気よく足踏み

材料（4人分）

強力粉200g＋薄力粉100g
（うどん用小麦300gでも可）

蓮根パウダー …… 15g
（30gまで増量可）

塩 …… 3g

重曹 …… 3g

水 …… 130～150cc

ラード …… 小さじ1/2
（素人でも麺を伸ばしやすくするための裏技です。）

塩豚 …… 適量

五辛 …… 適量

作り方

一 ボウルに粉類、塩、重曹を入れ、水130～150ccを注ぎながら混ぜ、こねてひとかたまりにする。

二 途中でラードを加え、なじむまでこねる。

三 二を厚手のビニール袋に入れて空気を抜き、生地の上で足踏み。約5分踏んだら生地を折りたたんで丸くし、また袋に入れて足踏み（3～5分）。

四 生地を2時間以上寝かせ、袋から出して打ち粉をふって麺棒で伸ばし、たたんで細切り、麺にして完成。

五 食べるときはお湯で麺を3～6分茹でて、湯切りしてスープに入れ、塩豚、五辛をトッピング!!

スープ（光圀風） スペアリブでもゴージャスな味

材料（4人分）

骨付きスペアリブ …… 500g

塩 …… 10g

砂糖 …… 5g

白コショウ …… 3g

にんにく・生姜 …… 各1かけ
（薄くスライス）

ねぎ …… 2本

酒・水 …… 各1/2cc

【トッピング】
ねぎ、にんにく、ニラ、生姜、らっきょう …… 適量を刻む

作り方

一 厚手の袋に骨付きスペアリブと調味料（塩、砂糖、白コショウ、にんにく、生姜）を入れて揉み、半日～1日冷蔵庫で寝かせる。

二 圧力鍋にサラダ油大匙1杯（分量外）を入れて熱し、一を入れ、強めの中火で焼き色がつくまで焼く。

三 焼けたら5cmにカットしたねぎと酒と水を入れて蓋をして弱火で10分。30分経ったら肉をひっくり返し、再度弱火で10分加熱。火を消して置く。

四 骨から肉を切り外し、トッピング用にカット。骨を圧力鍋に戻し、水1200cc（分量外）を加えて再度加圧し、弱火で10分加熱。火を消し30分置く。

五 スープの味見をして塩を足し（分量外）、お好みの濃さに整えて来上がり。

▶衝撃の新発見！

臨済宗僧侶の日記『蔭涼軒日録《おんりょうけんにちろく》』に中華麺の「経帯麺《けいたいめん》」を振る舞ったと記されています。ときに1488年。「鹸《けん》」という“かん水”が使われたことから、この麺は中華麺。ラーメンを食べた時期が光圀より200年遡ることになります。

加来耕三の食のタイムトラベル

column

伯父・義直を真似て明国の知識人を招聘

◆「尾張の伯父御」あればこそ

後世、講談の世界で〝水戸黄門《みとこうもん》〟と呼ばれ、架空の諸国漫遊をして脚光を浴びた徳川光圀《みつくに》――。

〝御三家〟の水戸藩二代藩主だった彼は、「余の学問は、尾張の伯父《おじ》御《ご》の導きによるもの」と常々、回想していました。

「尾張の伯父御」とは、尾張藩初代藩主・徳川義直《よしなお》（家康の九男）で、「敬神崇祖《けいしんすうそ》」を尾張藩の学問の本領に掲げた人物です。

確かに光圀は、多くのことをこの義直に学んでおり、なかでも後世に大きな影響を及ぼしたのが、〝勤王《きんのう》〟（天皇のために尽くす）の思想でした。光圀に端を発した「水戸学」が、明治維新の原動力となったことはよく知られていますが、光圀に〝勤王〟を吹き込んだのはほかでもありません、伯父の義直でした。

学問の師として義直に心酔していた光圀は、義直が明国から学者の陳《ちん》元贇《げんぴん》を招いて教えを受けたことも、マネしたようです。

陳元贇は明国の兵乱を避けて、日本へ亡命した人物。義直に仕え、書・医薬に菓子、さらには拳法まで伝え、拳法は柔術の起倒流《きとうりゅう》を興すことにつながったとされています。

三十四歳で藩主となった光圀は、本場中国から儒学者を招き、直接、教えを受けたい、と熱望しました。

そうしたおり耳にしたのが、朱舜《しゅしゅん》水《すい》の名です。中国大陸では漢民族の明が滅び、代わって満州族の清が王朝を築き、その影響で長崎には明からの亡命者があふれていました。

朱舜水もそうした一人で、祖国明の再興を志しましたが、清はゆるがず、断念して日本へ亡命しました。

光圀は自らの家臣であり、儒学者としても信頼していた小宅生順《おやけせいじゅん》を長崎へ派遣し、水戸藩への招聘《しょうへい》を働きかけます。しかし、朱舜水はそれに応じず、一年余の歳月を要して説得を続け、光圀はどうにか対面にこぎ着けました。光圀が三十八歳、朱舜水が六十六歳のときのことです。

待ったかいがあった、と光圀は大いに満足したことでしょう。朱舜水は博学であり、儒式礼法に詳しいのみならず、農業から造園まで幅広い知識と教養に恵まれていました。

後年、この人物の名を残すことになる後楽園と湯島聖堂は、その才知の、ほんの一部にすぎません。

◆ついでの「拉麺」

朱舜水は中国からさまざまなものを日本へもたらして、光圀に献上。

その中に藕粉《オウフェン》（蓮根の粉）がありました。これをつなぎに〝麺〟を打ったものが日本最初のラーメンとされています。光圀は朱舜水のラーメンと出会う以前から麺好きで、うどんや冷麦、そばきりを自ら作って家臣にふるまった話が遺されています。

ついでながら、日本でも中国でも、麺類は長寿の瑞兆《ずいちょう》として、古来より祝い事、「ハレの日」に食する習慣がありました。

うどんの製法はすでに、室町時代に確立していました。しかし武家は「ハレの日」にしか、うどんを食べることができません。そもそもうどんなどを食べさせる外食の場が、当時の日本にはありませんでした。

江戸時代に入り、明暦《めいれき》三年（一六五七）正月の大火で、水戸藩邸が江戸城内から小石川《こいしかわ》に移った頃から、町人がおやつ代わりにうどんや素麺《そうめん》を食べるようになります。

光圀は放蕩三昧《ほうとうざんまい》だった十代にそれらを食し、何ごとにも徹底する性格から、作り方まで学んだのでしょう。日本のうどんは塩と溜醤油《たまりじょうゆ》で調味し、薬味にコショウ、梅肉を用いました。

では、ラーメンはどうやって食べたのでしょうか。光圀が食した藕粉でつないだ平打ち麺は、スープに「火腿《フォトエイ》」（豚肉の塩漬けハム）を使用。舜水は光圀に、五種類の薬味「五辛」を伝授したといいます。「川椒《せんしょう》」（大陸山椒）、「青蒜絲《チンスアンスウ》」（ニンニクの茎）、「芽黄韮《ヤァファンチウ》」（黄ニラの若芽）、「白芥《バイジュン》」（白芥子《しろからし》）、「芫荽《イムサイ》」（香菜《シャンツァイ》）。

中国では今も昔も、ものを炒める際、鍋に少量の油を敷いて熱します。このとき、まずネギの白根やニンニク、ショウガなどを、わずかな量入れて、油のくさみを抜くと香ばしくなるといいます。

史実の光圀は「生類憐みの令《しょうるいあわれみのれい》」という悪法をつくった、五代将軍・徳川綱吉《つなよし》を批判して、幕府から隠居を命じられています。光圀がこの世を去ったのは、その十年後、七十三歳の時でした。

隠居後、光圀は『大日本史』の編纂に邁進しながら、食の研究にも腕をふるっていたに違いありません。

坂本龍馬　早わかり相関図

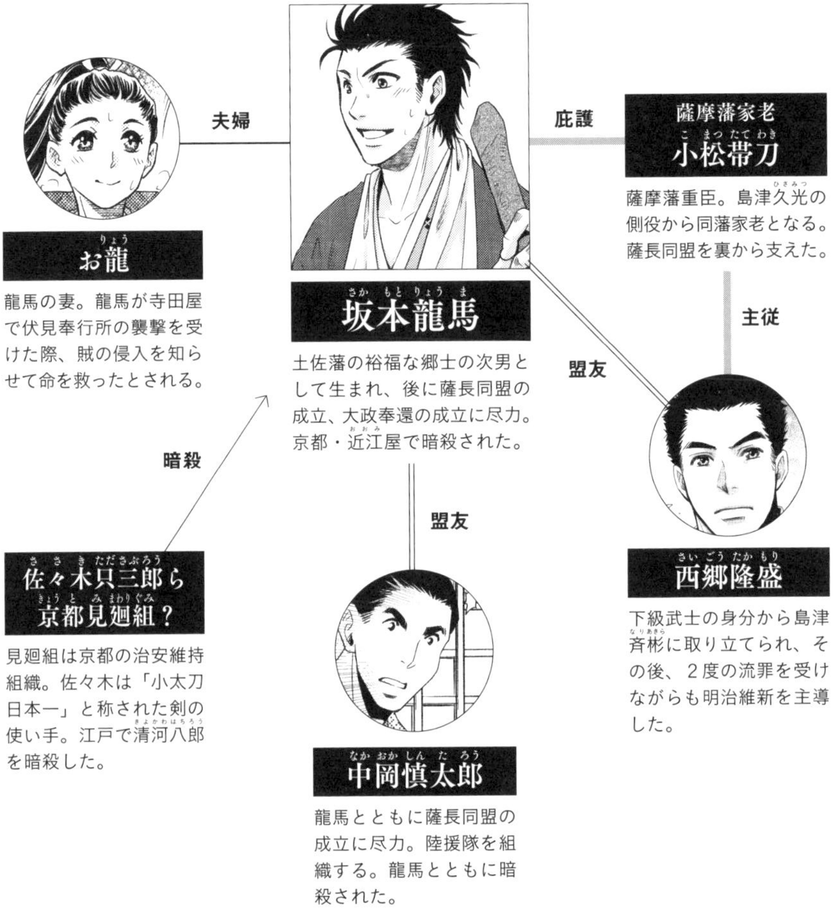
夫婦
庇護
薩摩藩家老
小松帯刀《こまつたてわき》
薩摩藩重臣。島津久光《ひさみつ》の側役から同藩家老となる。薩長同盟を裏から支えた。
お龍《りょう》
龍馬の妻。龍馬が寺田屋で伏見奉行所の襲撃を受けた際、賊の侵入を知らせて命を救ったとされる。
坂本龍馬《さかもとりょうま》
土佐藩の裕福な郷士の次男として生まれ、後に薩長同盟の成立、大政奉還の成立に尽力。京都・近江《おおみ》屋で暗殺された。
主従
盟友
暗殺
盟友
佐々木只三郎《ささきただざぶろう》ら
京都見廻組《きょうとみまわりぐみ》？
見廻組は京都の治安維持組織。佐々木は「小太刀日本一」と称された剣の使い手。江戸で清河八郎《きよかわはちろう》を暗殺した。
西郷隆盛《さいごうたかもり》
下級武士の身分から島津斉彬《なりあきら》に取り立てられ、その後、2度の流罪を受けながらも明治維新を主導した。
中岡慎太郎《なかおかしんたろう》
龍馬とともに薩長同盟の成立に尽力。陸援隊を組織する。龍馬とともに暗殺された。

実は剣術の達人ではなかった？

坂本龍馬は「薩長同盟」を締結させた幕末の英雄。さまざまな伝説がありました。生まれたとき顔にホクロが点々とあり、背中に黒々と毛が生えていた、幼少期はひ弱で暗愚、10歳を過ぎても寝小便が治らなかったなど。

龍馬は北辰一刀流《ほくしんいっとうりゅう》の「大目録皆伝」を得たとされていますが、実は剣術に自信がなかったとの見方もあります。いい例が寺田屋事件です。

彼は6連発の銃を持ち歩き、幕府の捕吏《ほり》に5発を発射。捕吏の一刀をピストルで受けて負傷し、刀を抜かず、屋根伝いに逃走。剣術に自信がないからピストルに頼ったのでしょうか——。

第 5 話

坂本龍馬—軍鶏鍋

好物の軍鶏鍋を食べることなく、無念の最期

Rekimeshi Historia

＊坂本龍馬…土佐藩脱藩郷士。日本初の総合商社「亀山社中」「海援隊」を興し、明治維新の基本方針を先駆けた「船中八策」「新政府綱領八策」を立案したとされる。

!!
お龍
ガバッ
大丈夫か？
薩長同盟の成立に尽力した龍馬は
はいっ
龍馬さま うでは!?
問題ない
寺田屋で幕府の捕方《とりかた》に襲撃され負傷したその静養をかねて
お龍との新婚旅行を楽しんでいた

＊お龍…坂本龍馬の妻。京都伏見の寺田屋事件で龍馬を救う。

＊龍馬とお龍の新婚旅行が日本の最初といわれているが、根拠はない。

＊小松帯刀は薩摩藩の家老である。

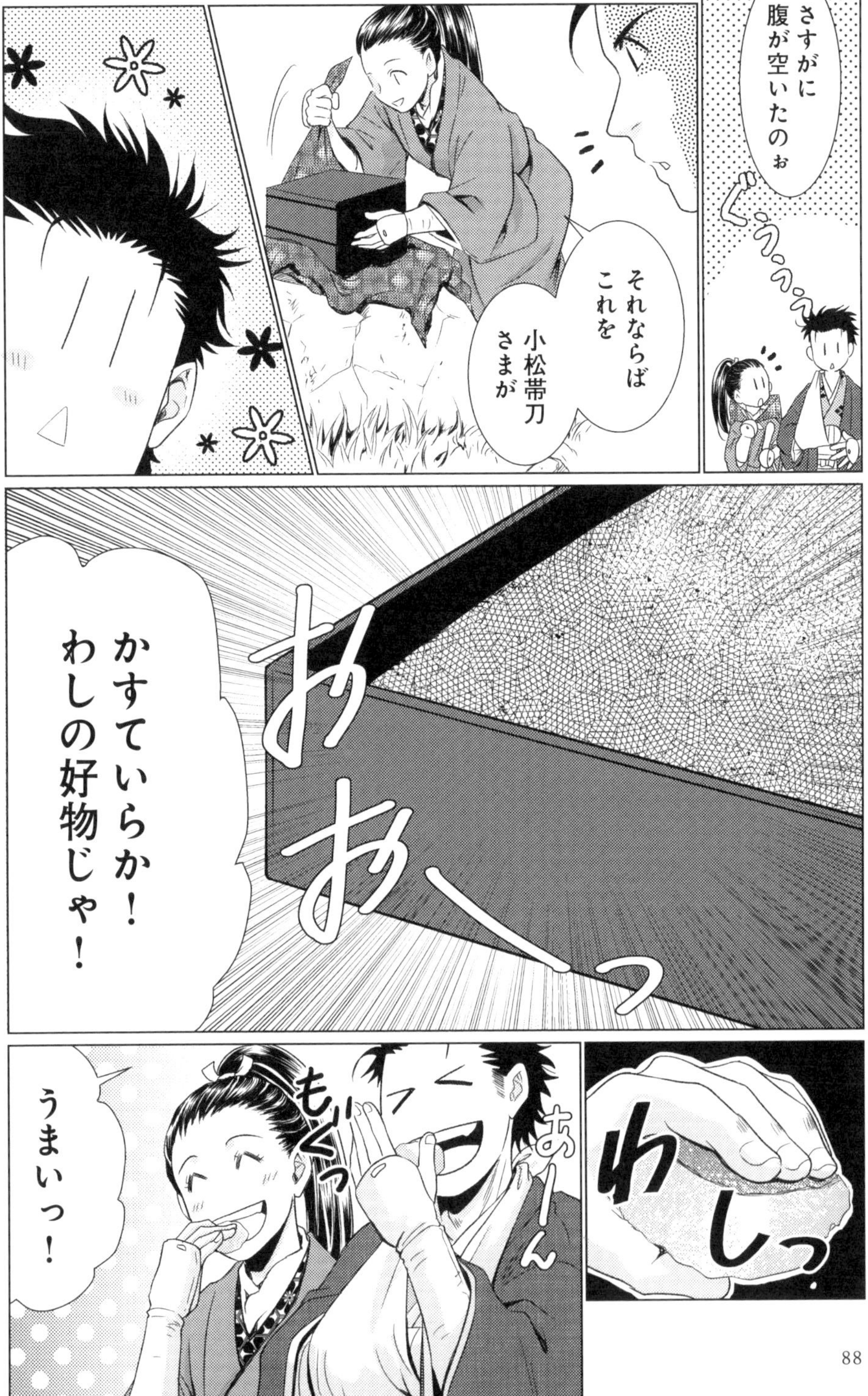
さすがに
腹が空いたのぉ
ぐぅぅぅぅ
それならば
これを
小松帯刀
さまが
かすていらか！
わしの好物じゃ！
ああ〜っ
わしっ
あ〜ん
もぐっ
うまいっ！

＊カステラ…スペイン王国の前名「カスティーリャ」からきている。

ふふっ
どうかなさいましたか龍馬さま？
いや
あんときおんしの働きがなければ今日ここでこうしてかすていらを食うこともできんかったとじゃ
龍馬は両手の親指を損傷した
お龍は入浴中に異変に気づいた
あのときの姿とか目に焼きついた
ええっ
はずかしー
カァァ。。
でも私がもう少し早くお知らせできていれば龍馬さまがお怪我をされることもなかったかも…
こうして生命《いのち》があることが大事じゃ
今いっしょにおれるのじゃから

＊入浴中でなかったとの証言も……。

一年後
近江屋
大万
大万
大政奉還が成って
間もない
慶応三年(一八六七)
十一月十五日
龍馬は同志・中岡慎太郎と
京都・近江屋の二階にいた
グツ
グツ
グツ
グツ
寒い夜は
軍鶏《しゃも》鍋に
かぎるぜよ
ズビッ
中岡慎太郎(30)

＊中岡慎太郎…土佐藩脱藩郷士。龍馬の同志で、「陸援隊」の隊長をつとめた。

＊峯吉…近所の書店「菊屋」の子。龍馬の遣《つか》いで軍鶏を買いに出ていた。

それにしても 峯吉《みねきち》のやつ 遅いのう！
軍鶏が来る前に 体がこごえてしまう
ははは…
ははっ 龍馬は せっかちでいかん
ドガガン
なんじゃ ケンカか？
ほたえなっ（騒ぐな）！
うるさいっ

＊近江屋は京都河原町通《かわらまちどおり》の醤油屋。龍馬はその二階に寄宿していた。

＊刺客は名刺を差し出して、不意に突き、斬りかかったともいわれている。

ダッ
龍馬ッ
はっ
ぐぁあああ

ザン
バッ

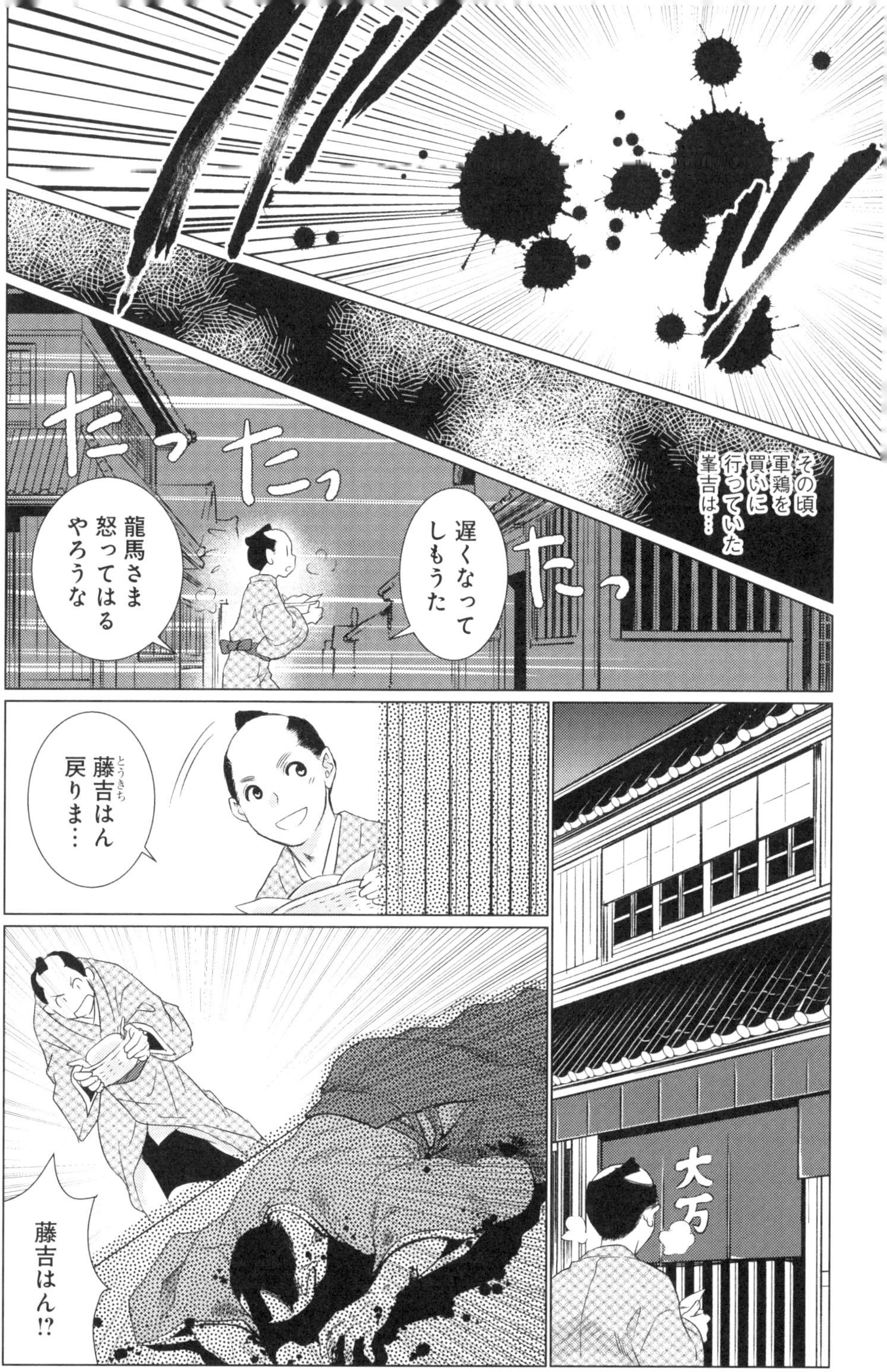
その頃軍鶏を買いに行っていた峯吉は…
たっ
たっ
たっ
遅くなってしもうた
龍馬さま怒ってはるやろうな
藤吉《とうきち》はん戻りま…
藤吉はん⁉

＊藤吉…山田藤吉のこと。元力士で、龍馬の用心棒をつとめていた。

ふら…
一体何が…
はっ
龍馬さま！

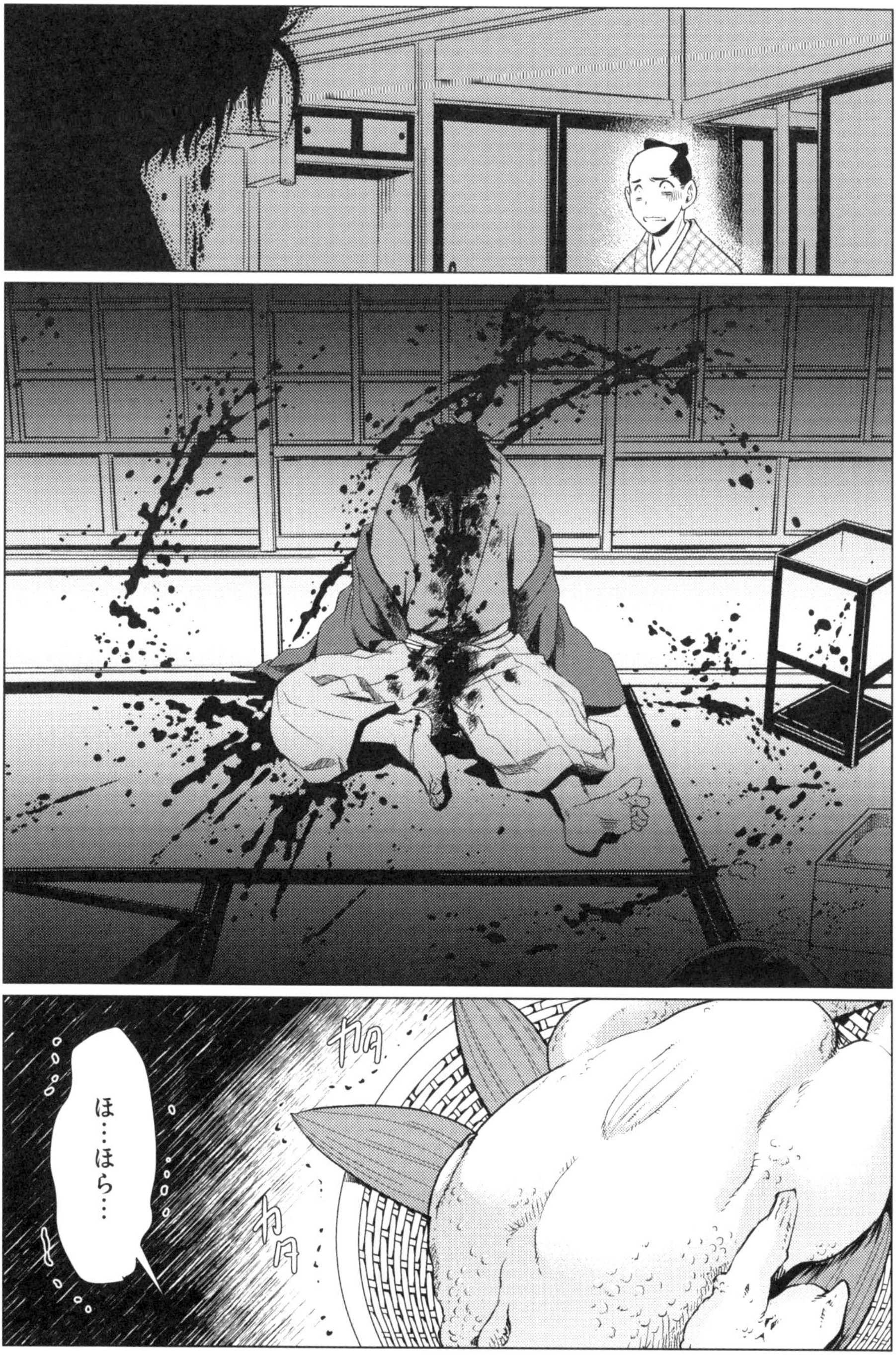
ほ…ほら…
カタ
カタ

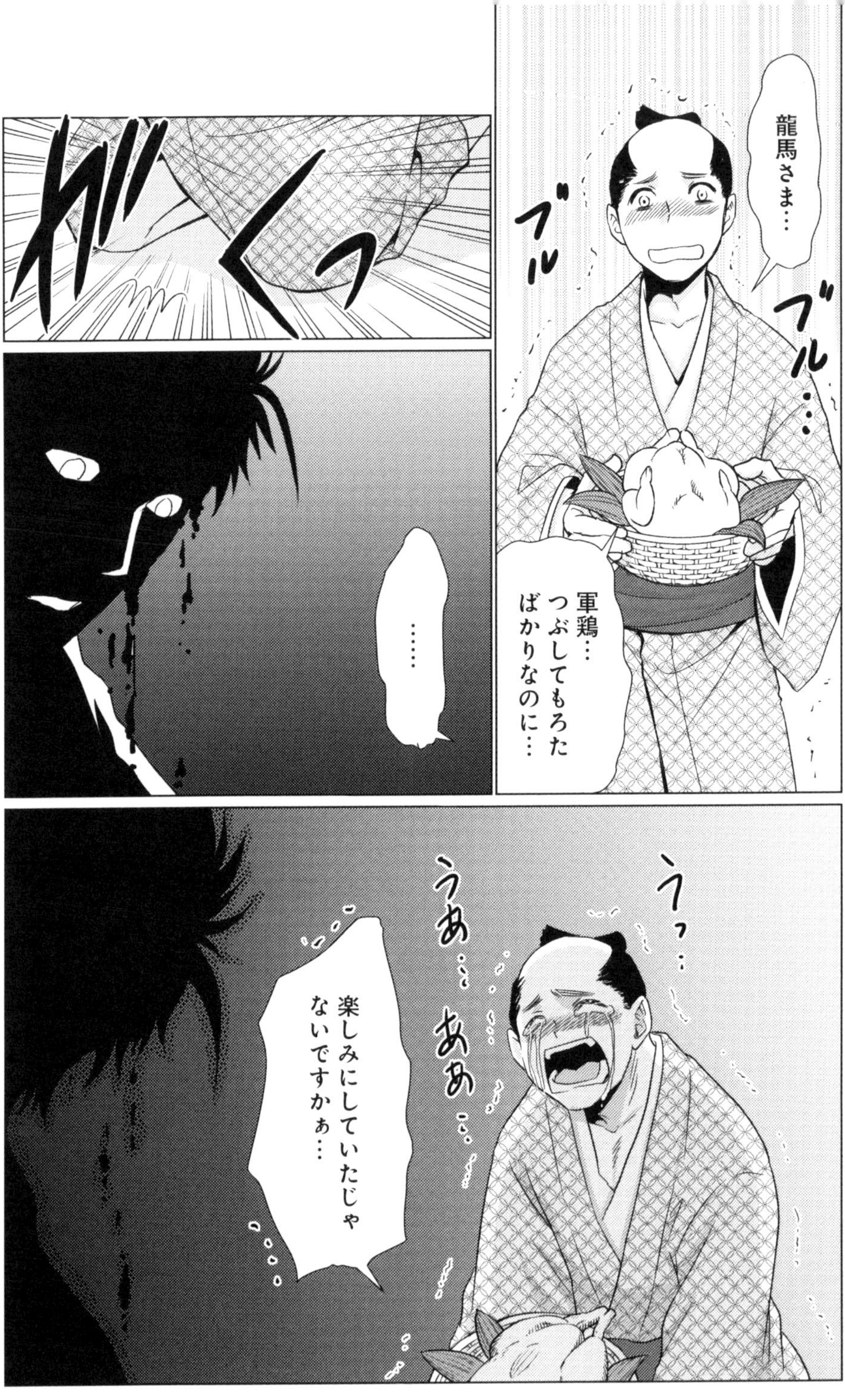

龍馬さま…
ブル
ブル…
軍鶏…
つぶしてもろた
ばかりなのに…
ガッ
くっ
……
うっ…
うあ…
ああ…
楽しみにしていたじゃ
ないですかぁ…

龍馬と中岡は死亡した
襲撃したのは見廻組の
佐々木只三郎らだと
言われているが
龍馬さま…
現在も
実行犯・黒幕に
ついては
諸説がある――

後藤ひろみの歴飯 RECIPE

龍馬が最期に食べようとした 軍鶏《しゃも》鍋《なべ》

16世紀半ばに南蛮菓子として
日本に伝わり、江戸時代の菓子本でも
紹介されるカステラ。
海援隊雑記録『雄魂姓名録《ゆうこんせいめいろく》』には
砂糖多めの分量と
「これを合わせて焼く也」という
シンプルなレシピが残っています。
もう一品は風邪気味の龍馬が求めた
「軍鶏鍋」。当時「薬《くすり》喰《ぐ》い」と呼ばれた
肉食です。海援隊の交易で得た砂糖と
身を寄せていた近江屋の醤油を
使って……。
最後の晩餐メニュー、
龍馬ならではの味です。

軍鶏鍋　旨味と噛みごたえのある軍鶏肉が幕末に流行

材料（2人分）

軍鶏肉……300g
ザラメ（無ければ砂糖）……大さじ2
醤油……60cc
酒……30cc
昆布出汁＋ガラスープ……500cc
ごぼう……1〜2本
きのこ類……1パック
ねぎ……2〜3本
春菊……ひと房
シメのうどん……適量

作り方

一 500ccの水に昆布（名刺サイズ＝約5g）＋鶏ガラスープの素小さじ1杯を浸けておく。

二 すき焼き鍋に油を薄く入れ、ザラメを入れ、溶けかけたら軍鶏肉、醤油と酒を入れる。軍鶏肉が焼けてきたら、切ったごぼう、きのこ類、ねぎを入れ、スープ入り昆布出汁を適量加えて野菜に火が通るまで煮込む。

三 煮立ってきたら春菊を入れて味見をする。お好みの味になるように醤油とザラメ（分量外）を足して調整する。

江戸時代、肉を使った「鍋」といえばすき焼き風鉄鍋。関東では割り下を煮立たせて肉を入れますが、関西では肉を焼いてから砂糖や醤油で味付けします。

カステラ　炊飯器でお手軽に作れる

材料（6〜8人分）

卵Lサイズ……3個
※「雄魂姓名録」のレシピを作りやすい卵3個分に換算。
薄力粉……125g
砂糖……180g

「雄魂姓名録」カステイラ仕様
玉子……百目（375g）
うどん粉……七十目（262g）
さとふ……百目（375g）
※一目（一文目＝匁）…3.75g、卵Lサイズ…正味約60g

作り方

一 泡立てのコツは卵を人肌に温めること。湯せんだと失敗しがちなので、卵を殻のままぬるま湯に15分程浸し、温まったら引きあげ、水分をふきとる。

二 温まった卵をボウルに割り入れ、砂糖を加えてハンドミキサーで泡立てる。生地をすくい上げてリボン状に落ち、生地跡が見えて残れば泡立て完了。

三 二に薄力粉を2〜3回に分けて入れ、手早く大きく切るように混ぜ合わせる。

四 炊飯器に三を入れてスイッチオン！　炊飯が終了したら、生地中央に竹串をさし、生地がついてこなければ完成（生地がついてきたらもう少し加熱）。

龍馬は剣の腕前に自信がなかった

◆維新の英傑

幕末の英傑・坂本龍馬には、十代の初めまで寝小便の癖があり、寺子《てらこ》屋《や》を一日で退塾させられ、学問をまったくやらなかった、といったエピソードが広まっていますが、その大半はフィクションです。

龍馬は青年時代、江戸に出て北辰《ほくしん》一刀流《いっとうりゅう》の剣術を学んだといわれていますが、史実では当時の日本で十指に入る土佐藩の砲術師範・徳弘孝蔵《とくひろこうぞう》について、西洋流砲術を熱心に学び、より最先端の軍事・科学を修めるべく、佐久間象山《さくましょうざん》（勝海舟の妹婿）の塾に入門していました。

この学問を通じて人脈をひろげ、幕府の高官であった海舟のもとに辿りついた、と考える方が自然です。

実は十代半ばでの蘭学修行の痕跡もあり、龍馬が二度目の剣術修行のために、江戸へ行ったとされる時期、日米開戦を想定した軍事の中に、彼は身を置いていた、との断片的な資料も発見されています。

ボンクラだった龍馬が大事をなしたのではなく、人一倍学問した彼が独自の見解を持ち、天下の周旋《しゅうせん》役を担った、と考えるべきでしょう。

◆カステラの昼食とシャモ鍋

その龍馬と妻・お龍《りょう》による長崎経由の鹿児島旅行＝霧島周辺の温泉めぐりへ行った発端は、伏見寺田屋における襲撃事件でした。

お龍が幕府の捕吏《ほり》と寺田屋のおかみがやりとりするのを台所で聞き、急いで龍馬へ注進。捕吏にとりかこまれた龍馬は、短銃をもって応戦します。弾玉が切れても左手に持った刀を抜かず（実は剣術の腕前に自信がなかったため抜けなかった）、短銃をふりまわして両手の数ヵ所に深手を負ってしまいます。

その傷を癒すために、龍馬とお龍は薩摩へくだりました。お龍の思いつきで、霧島山の高千穂の山頂に行き、「天の逆鉾《さかほこ》」を引き抜いた話はよく知られています。このとき二人は、薩摩藩家老の小松帯刀《こまつたてわき》から、切ったカステラを持たされていました。山登りには、腹につかえ、負担となる握り飯よりも、甘くて軽いものがいい、という判断からでした。

ただし、当時のカステラは今日のものと少し違いました。もともとこの洋菓子は、戦国時代に宣教師が日本へ持ち込んだものでしたが、その頃の砂糖は非常に高価でした。

幕末に砂糖の値段が大幅に下がったため、ようやく人々の口に入るようになります。たまごの量が多く、いまのようにふんわりとした〝軽さ〟が表現できるようになったのは、明治以降であり、カステラというよりはケーキに近い食感であったかと思われます。

京都へ戻った龍馬が暗殺されたのは、河原町通蛸薬師下ル《たこやくしさがる》の醤油屋・近江屋でした。

この日、数日前から風邪をひいていた龍馬は、真綿の胴着に絹の綿入れを重ね着し、さらに黒羽二重《くろはぶたえ》の羽織をはおって火鉢をかかえ、同志の中岡慎太郎（陸援隊隊長）と〝国事〟について相談をしていました。

夜になり、龍馬は軍鶏《しゃも》鍋を食べるために、軍鶏肉を買ってくるように、と菊屋の峯吉《みねきち》に命じます。

峯吉が外出し、龍馬と中岡が二人だけになった、まさにその時、十津《とつ》川《かわ》の郷士を名乗る剣客が訪れ、二人を斬って、風のように去っていきました。龍馬は即死、享年は三十三。

興味深いのは、このとき龍馬が食べようとした軍鶏鍋が、鉄鍋を使う土佐様式であったことです。

こんにゃくを敷いて、たまねぎ、しいたけ、ねぎなどの野菜を重ねて、軍鶏を煮ます。水気をとりつつ、醤油と砂糖で味をつけ、水ではなく酒で味をととのえる。多くの人はそれを溶き卵につけて食べました。すきやきの軍鶏版と考えられます。

一説に、今日の親子丼は土佐式の軍鶏鍋にヒントを得たもの、といわれています。日本橋の人形町《にんぎょうちょう》にある老舗「玉ひで」の五代目の奥さんが、軍鶏鍋で残った鶏肉に直接、溶き卵をかけ、飯にのせて食べる客がいるのを目撃し、親子丼を考えたというのです。まっ白なご飯に、おかずをのせる〝ぶっかけ飯〟は、うなぎ丼がうな重より格下にみられたように、下品な食べ方とされ、一流の店では客に出すのは憚《はばか》られました。

しかし、明治維新後の文明開化は、こうしたそれまでの、日本の固定観念を押し流し、いまでは丼ものが広く一般に普及しています。

それこそ龍馬の描いた、国民すべてが各々の能力に応じた生活のできる、世の中へと変貌をとげた、証左の一つなのかもしれません。

篤姫　早わかり相関図

夫婦

実子

今和泉島津家10代当主
島津忠剛《しまづただたけ》

江戸幕府13代将軍
徳川家定《とくがわいえさだ》

12代将軍・家慶《いえよし》の子。生来病弱だった。

篤姫《あつひめ》

薩摩藩主島津氏の一門今和泉《いまいずみ》家に生まれ、幼名は一子《かつこ》、於《お》一《かつ》。家定と結婚し、まもなく死別。江戸無血開城に尽力。

養女

薩摩藩11代藩主
島津斉彬《しまづなりあきら》

島津斉興《なりおき》の長子。嘉永4年（1851）に43歳で藩主となった。殖産興業、富国強兵策をすすめ、国政改革にも貢献した名君だったが、急逝してしまう。

養子

江戸幕府14代将軍
徳川家茂《とくがわいえもち》

紀州(和歌山)藩主徳川斉《なり》順《ゆき》の長子として生まれ、13歳で将軍に就任。皇妹和宮《かずのみや》と結婚。幼名は慶《よし》福《とみ》。

篤姫の婚礼を準備。のち敵味方に。

主従

西郷隆盛《さいごうたかもり》

薩摩藩島津家の下級武士から、島津斉彬に取り立てられ、戊辰《ぼしん》戦争では大総督参謀。

幕府の申し出を受けて将軍の妻に

篤姫は幼名を一子《かつこ》といいました。薩摩藩11代藩主・島津斉彬の幼女となって一時「篤姫」と称し、公卿《くぎょう》筆頭の近衛《このえ》家の養女となって「敬子《すみこ》」。「篤《あつ》君《ぎみ》」と仰がれつつ13代将軍・徳川家定の御台所《みだいどころ》（正室）となりました。

この婚姻は幕府が島津家に申し込んだもので、斉彬には次期将軍決定のために篤姫を送り込む意図はありませんでした。幕府から申し出があった嘉永3年（1850）の時点で斉彬はまだ藩主にもなっていません。そもそも篤姫が婚礼のために江戸にのぼったのは嘉永6年（1853）のこと。この年、初めてペリーが来航したのです。

第 6 話

篤姫—白いんげん豆

故郷・薩摩の味を思い返しながら徳川を守る

Rekimeshi Historia

＊篤姫…薩摩藩今和泉領主・島津忠剛の娘。島津斉彬の養女となり、近衛家の養女を経て将軍家定の御台所となった。

江戸城大奥
うんもねぇ！（マズい！）
篤姫《あつひめ》(22)
御台さま！公方《くぼう》さまの御前《ごぜん》ですよ！
幾島《いくしま》(49)
……
豆が冷えてるのが気になってな
しゅん…
薩摩の豆は温かいのか？
徳川家定《いえさだ》(33)

＊幾島…篤姫付きの大奥御年寄《おとしより》。薩摩出身で、篤姫が近衛家の養女の時代から支えた。

はい
薩摩でも　江戸でも
膳は温かいほど
美味《おい》しいのです
身体にも
良いです
それは
見習いたい
ものだな
私は丈夫で
元気いっぱい
ですからね！
於一《おかつ》
わしはそちを
わが娘とし
将軍世子《せいし》・徳川家定さまに
嫁がせたいと思う

＊徳川家定…江戸幕府13代将軍。幼少の折から身体が弱く政務困難とされていた。

わたくしが江戸へ!?
そちのような賢くて明るい丈夫な娘こそ家定さまには必要なのだ
家定さまはご病弱
島津斉彬《なりあきら》
このままでは徳川将軍家は絶えるのではないかとご心痛のようだ
島津家一門・島津忠剛《ただたけ》の娘・一子《かつこ》は名を篤と改め島津斉彬の実子として鹿児島を発ち
……
近衛家の養女を経て
かしこまりました父上さま
必ずやお国(薩摩)と徳川家の御為《おんため》に尽くしまする

*島津斉彬——薩摩藩の11代藩主で、島津家28代当主。藩営の工場集成館を設立し、殖産興業、富国強兵策をすすめるも急逝した。

三年後の
安政三年（一八五六）
十二月十八日に
家定と結婚した
身体を整えれば
色々な事が出来ますし
わたくしも
公子さまと
沢山の事を
してみたいです
それは
楽しみだ
しかし
結婚後一年半で
家定は病に倒れた

＊公子《こうし》…貴人の子弟。

生まれつき身体の
弱かった家定は
快癒することなく
この世を去る
享年三十五
篤姫は二十四歳だった
これにより
14代将軍は
紀州藩主の徳川慶福《よしとみ》
(改め家茂)となった
……
篤姫(号して
天璋院《てんしょういん》)は
家定の死を嘆き
悲しんだ
そこに…
上様…
御台さま!
薩摩の殿が…

斉彬さまがお亡くなりに…
御台さま！
ヨロ…
上様を失い
いままたお父上までを…
そうか…
スリ…
ニャアア…
サト姫…
慰めてくれるのだな
…なれば　今だけ
涙させておくれ

＊天璋院は三毛猫をサトと名づけ、かわいがっていた。

家定のあとを継いだ
家茂はわずか
十三歳の若き将軍であった
七年九ヶ月在任するも
若くして病に倒れた
求心力を失った幕府は
徳川慶喜《よしのぶ》を十五代将軍
とするが
慶喜は将軍就任の翌年に
天下の大政を朝廷に返還
新政府が樹立する
薩摩・長州を中心とする
新政府軍に鳥羽《とば》・伏見《ふしみ》の
戦いで敗れた慶喜が
江戸城へ逃亡すると
戊辰戦争の舞台は
近畿から関東へ移動
新政府軍は
いよいよ江戸城に迫る

西郷隆盛(42)
慶喜公を切腹させ徳川家を断絶させねばなりもはん
このまま座して待っていては
徳川家が滅びる
…幾島
わたくしは

嫁いだからには徳川の女
ここにとどまります
そして今は
文《ふみ》を書きましょう
必ずやお届けいたします！
なんとしても徳川家を守らねばならぬ

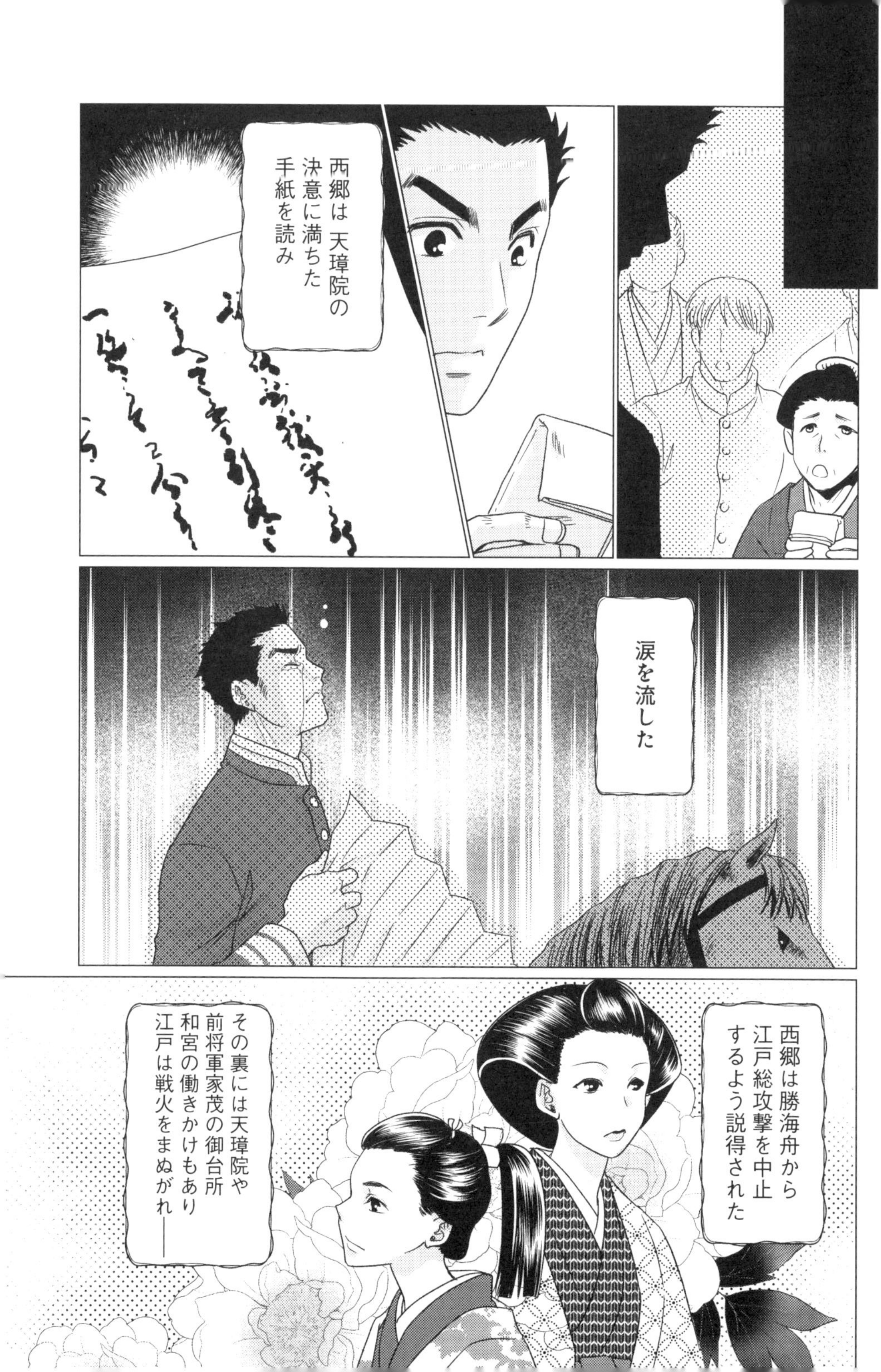
西郷は 天璋院の決意に満ちた手紙を読み
涙を流した
西郷は勝海舟から江戸総攻撃を中止するよう説得された
その裏には天璋院や前将軍家茂の御台所和宮の働きかけもあり江戸は戦火をまぬがれ——

無血開城と
なったのである
時代は明治
晩年の天璋院
千駄ヶ谷《せんだがや》
徳川邸

ぱくっ
美味しい
世は変わったけれど
好きなものを
温かい 出来立てで
好きなだけ
食べられる
パタ
パタ
パタ
ピクッ

明治十五年（一八八二）イギリスのイートン・カレッジに留学中の家達が帰国
ぱっ
大ばば様 柿がなりましたぞ
帰国いたしました
まぁ！ 家達《いえさと》どの
おかえりなさい
ようご無事で
はい！

＊天璋院は、家達（徳川宗家十六代当主）が幼少のころから後見人をつとめた。家達の帰国の翌年、天璋院は明治十六年に死去。享年四十九だった。

スリ‥
ただいま！サト姫
フフ…
サト姫も貴方が帰ってきて嬉しいようですね
ニャアア‥
昼食を取っていたのですよ貴方もご一緒にどうです？
いただきます！

後藤ひろみの

歴飯

RECIPE

篤姫を支えた望郷の味

白いんげんの甘煮

幕末の動乱期、命がけで
徳川家存続を西郷隆盛に嘆願し、
江戸城を無血開城に導いた篤姫。
婚家を守りぬいた彼女が
「これでないと口にしない」
と言ったのが、薩摩の赤味噌。
江戸城大奥から薩摩藩邸に、赤味噌を
おねだりする手紙が残されています。
また、好んだのは甘味。
白いんげんの甘煮や果物蜜《みつ》漬けなど、
これも砂糖を産出する薩摩のお味。
篤姫を支えたのは望郷の想いを満たす
懐かしの味だったのかもしれません。

白いんげんの甘煮　ほったらかしを繰り返して

材料（作りやすい量）

白いんげん豆……50g
砂糖……40～50g
塩……2～3つまみ
重曹……小さじ1/5（無くても大丈夫）

作り方

一 ①豆を洗って250ccくらいの水に半日～1日浸ける。②500mℓのステンレスボトルに、沸騰したお湯を半分くらい注いで温める（ボトルの余熱）。

二 吸水が終わった豆に150ccくらいの水と重曹を入れて中火にかけ、沸騰してきたら弱火にして3～5分煮たあと、ザルにあけてお湯を切る（アク抜き）。

三 ステンレスボトルのお湯を捨てて、二を入れ、沸騰したお湯を9分目まで注ぐ。ボトルを倒してゴロゴロ転がしたあと、5時間前後置く。

四 三を厚手の鍋に移して火にかけ、沸騰したら弱火で煮る。一粒食べて柔らかくなっていたら砂糖を半分入れて火を消し、また1～3時間置く。

五 再度火にかけ沸騰したら、残りの砂糖と塩を入れて火を消し、1～3時間ほったらかしに。

六 味見して出来上がり。物足りなかったら砂糖や塩を加えて調整。砂糖を一気に加えると味が芯まで沁みにくいので、2～3回に分けて加える。

お貝煮（茶碗蒸し）　エリンギ、お吸い物を代用しよう

材料（2人分）

卵Lサイズ……1個
松茸風お吸い物の素（市販）……1袋＋水180cc
刺身（白身魚・海老など）……各2～3切れ
三つ葉、または青葉……適量
フェイク松茸（スライスしたエリンギ1本＋酒・オイスターソース各1さじ）※レンジ1分の加熱。本来のお貝煮には本物の松茸やアワビも入っている。

作り方

一 お吸い物の素を180ccのぬるま湯で溶く。

二 卵をよく溶きほぐして一と混ぜ、ザルで濾す（滑らかに仕上げるコツ）。

三 2つの耐熱容器に具材（各適量）を分け入れて、それぞれ同量に卵液を注ぐ。あれば三つ葉、なければ青葉を浮かべる。アルミ箔で器を覆う。

四 深めのフライパンに布巾を敷いて、三を入れ、器が半分くらい浸かる程度のお湯を注いでフタをし、火にかける。初めは中火、沸騰したら最弱火にして10分加熱。火を止めて10分放置。

五 器を持ち、やや斜めにして揺らし、プリンみたいに揺れて透明な液だけが表面にあれば出来上がり！　液状に揺れて濁った卵液が出たら未完成、その場合はもう少し加熱。

養父の密命で嫁ぎ、徳川家を守る

◆猫と赤味噌と白いんげん豆

篤姫《あつひめ》の幼名は一子《かつこ》といい、薩摩藩主島津家の分家の姫でありながら、十一代藩主・島津斉彬《なりあきら》の養女となって、「篤姫」と称しました。

その後、公卿《くぎょう》筆頭の近衛《このえ》家の養女となって敬子《すみこ》となり、篤君《あつぎみ》と仰がれつつ、十三将軍家定《いえさだ》の御台所《みだいどころ》となっています。

この婚礼は、政略結婚のようにいわれてきましたが、実は家定本人の意思により、島津家に申し入れされたものでした。かつての将軍・徳川家斉《いえなり》の御台所に「茂姫《しげひめ》」がいました。この姫は篤姫と同じく、島津家の娘で、自身は夭逝《ようせい》の男子一人を生んだのみでしたが、側室にたくさんの子を生ませ、子孫を増やすことに貢献した功労者でした。

家定はすでに公卿の姫であった妻を二人失っており、将軍家を絶やさぬために、茂姫のような体の丈夫な後添いを迎えたい、との思いから、斉彬に結婚話を持ちかけ、選ばれたのが篤姫でした。

家定は幼少より体が弱く、正座もおぼつかなかったとか、常に首を振る症状を示し、体がときに痙攣《けいれん》したといいます。父の将軍家慶《いえよし》が病に倒れると、家定は毎日、粥《かゆ》をつくって父に食べさせたといいますが、障子に穴を開け、父が食べる姿を覗《のぞ》き見し、一人悦に入《い》っていたとか。

余談ながら、篤姫は大奥で猫を飼っていました。最初が「ミチ姫」、次が「サト姫」。猫一匹に世話係三人が付き、篤姫と並んで、食事ではアワビの貝殻をあしらった瀬戸物の御膳が出ました。生ものの出ない精《しょう》進日《じんび》には、猫にかつお節が与えられ、猫の食費だけで年間二十五両（現在の約二百五十万円）に上《のぼ》ったとされています。

一方、意外にも篤姫の好物は、地味なものが多かったようです。薩摩の赤味噌、高菜の漬物など。酒で渋抜きした柿＝「樽《たる》柿」も好物で、寝る前に一杯飲む習慣もありました。

このほか、白いんげん豆を甘く煮たものも好きでした。白いんげん豆は中南米が原産で、日本には十七世紀にもたらされています。専門家によれば、低脂肪で高タンパク、カリウムや鉄分、カルシウムに食物繊維も得られるすぐれものとか。

貝煮もお気に入りで、サザエの殻に海老、魚の切り身、二つ葉、松茸などを細かくして入れ、卵をたらし、貝の口を昆布でふさいだといいます。今の茶碗蒸しでしょうか。

ほかに、あんかけ豆腐、茶飯。デザートとしては枇杷《びわ》、はちみつ漬けのライチなどが知られています。

◆江戸無血開城を導く

篤姫は養父斉彬から、将軍家定を説得して、英邁《えいまい》な一橋慶喜《ひとつばしよしのぶ》を次期将軍職につけるよう密命を受けましたが、実現はできませんでした。直接、話すきっかけが摑《つか》めず、話ができても家定は、彼女の話を聞きながらも返答はしませんでした。

篤姫と家定との結婚生活は、わずか一年半しかつづきませんでした。母になる機会にも恵まれないまま、篤姫は家定の急逝により、二十四歳にして未亡人となります。出家して「天璋院《てんしょういん》」の法号を持ちました。

幕末の動乱の中、天璋院は歴史の表舞台に登場することとなります。

次代将軍は慶福《よしとみ》（のち家茂《いえもち》）に決まり、斉彬はそれでも諦めず、藩兵を率いて武装上洛を企てましたが、その直前に急死しました。

世の中は尊王《そんのう》・攘夷《じょうい》、開国・鎖国で大混乱。将軍家茂に嫁いだ皇女「和宮《かずのみや》」との確執にも悩まされながら、天璋院は大奥を采配しつづけます。やがて家茂も二十一歳で急逝。

かつて将軍に推した慶喜が、十五代将軍となりましたが、彼は江戸に不在でした。江戸城で幕府を存続させるべく、女主人としての役割を懸命につとめたのが天璋院でした。

実家の島津家をも敵にまわし、天璋院は生命《いのち》懸《が》けの、徳川家存続の嘆願を行い、江戸を無血開城に導く、功績の一端を担ったのです。

明治の世になっても、天璋院は婚家で生涯を終えるべく、死去するまで一度も鹿児島の土を踏みませんでした。徳川家からのわずかな援助で生活し、徳川宗家を継いだ家達《いえさと》の養育や、大奥に勤めた女中たちの暮らし向きにも目を配っています。

明治十五年（一八八二）に家達がイギリス留学から帰国し、その年に結婚したのを見届けて、天璋院はこの世を去りました。享年は四十九。

朝敵・徳川宗家に華族制度の最上位「公爵」が授与されたのは、その翌年のことでした。天璋院は見事に徳川家の存続を成し遂げたのです。

西郷隆盛　早わかり相関図

盟友
のちに
対立

大久保利通《おおくぼとしみち》

木戸孝允《たかよし》（桂小五郎）、西郷とならんで「維新の三傑」と呼ばれる。西南戦争の翌年、東京・紀尾井坂で暗殺された。

飼い主

トラ（犬）

西郷隆盛《さいごうたかもり》

下級士族の出身ながら、島津斉彬に取り立てられて藩政に参画。２度の島流しを経験するも返り咲き、戊辰《ぼしん》戦争では大総督参謀として活躍。西南戦争で自刃した。

主従だが
対立

主従

薩摩藩“国父《こくふ》”
島津久光《しまづひさみつ》

斉彬の異母弟。斉彬の死後、子の忠義《ただよし》が藩主となると藩政の実権を握った。

交流

土持政照《つちもちまさてる》

沖永良部島《おきのえらぶじま》の横目。流罪になった西郷に同情し、待遇を改善する。西郷は感激し、義兄弟の契りを結ぶ。

絶対的な
主従関係

異母弟

薩摩藩 11 代藩主
島津斉彬《しまづなりあきら》

藩営の工場「集成館」を設立し、殖産興業、富国強兵策をすすめる。下級武士の西郷、大久保らを重要な任務に抜擢した。

若者をかばって西南戦争起こす

西郷隆盛は身長179センチ、体重108キロだったと伝えられています。事実なら、当時としては群を抜く巨漢でした。

明治6年（1873）、西郷は政府を去って鹿児島に帰りました。しかし西郷を警戒する明治新政府は火薬庫を撤去しようとします。怒った若者が火薬庫を襲撃。彼らを政府に引き渡すか政府と対立するかの選択を迫られた西郷は対立を選び、明治10年、熊本の田原坂《たばるざか》で政府軍と激突。「西南戦争」です。

政府軍の新式銃の前に薩軍は劣勢となり、9月24日、西郷は鹿児島の城《しろ》山《やま》で自刃しました。享年51でした。

第 7 話

西郷隆盛―豚骨

くちけんかもしれもはんが、味はよかぞ

Rekimeshi Historia

西南戦争後の東京…
ぱくっ
ポタッ
……
ぐすっ
うう…

あの日に比べると
今ひとつじゃのぉ
ここにはもう
西郷さんはいない……
文久二年（一八六二）
沖永良部島

朝に恩遇《おんぐう》を蒙《こうむ》り　夕に焚坑《ふんこう》せらる…
（西郷が沖永良部で詠んだ漢詩
「獄中有感」から）
西郷隆盛《さいごうたかもり》（36）
もそ
もぐ…
くらっ
だんっ

＊島津久光の怒りにふれた西郷は、この地に島流しになっていた。二度目の流罪である。

ヨロ…
すっ
そっ…
土持政照《つちもちまさてる》
このままでは衰弱死してしまう
ダメだっ
このまま死なせてはまずいでしょう？
藩の命令は〝囲い〟込むこと
たとえ家の中であれ
〝囲い〟があればよいのです

＊土持政照…沖永良部島和泊村の横目。島に配流となった西郷隆盛の牢を座敷牢に改築するなど生活環境の改善につとめ、西郷と義兄弟の契りをむすぶ。

お身体の具合はどうです？
皮膚も大分よくなりもうした
雨風しのげれるだけでも天国のようじゃ
おんしにも母君にも感謝しかない
一生の恩人じゃ
何度も死のうとして結局天に生かされた
今度はここで人に生かされた

＊土持は西郷を作りのしっかりした座敷牢に移した。

ここで出来る事は限られるがわしに出来る事をしてゆこう
手を貸してくれるか兄弟
もちろんです
西郷は持ち前の人望で島民たちと打ち解けてゆき
島の子どもたちに勉強を教えたりしたという
わしはこれまで大事な事を学んだ

敬天愛人
天を敬い人を愛す……
わしの一番好きな言葉じゃ
厳しい島の生活の中でも人間的な暮らしを送れるようになっていたが
土持から聞かされる薩摩の政治や大事件
歴史の重大事の最中に関与できぬこと

さぞや悔しかろう
しかし時代は西郷を求めた
元治元年（一八六四）二月二十二日
西郷は動乱の政治の表舞台へ復帰する
京都・祇園

*犬好きの西郷は愛犬に鰻料理を与えることがあった。

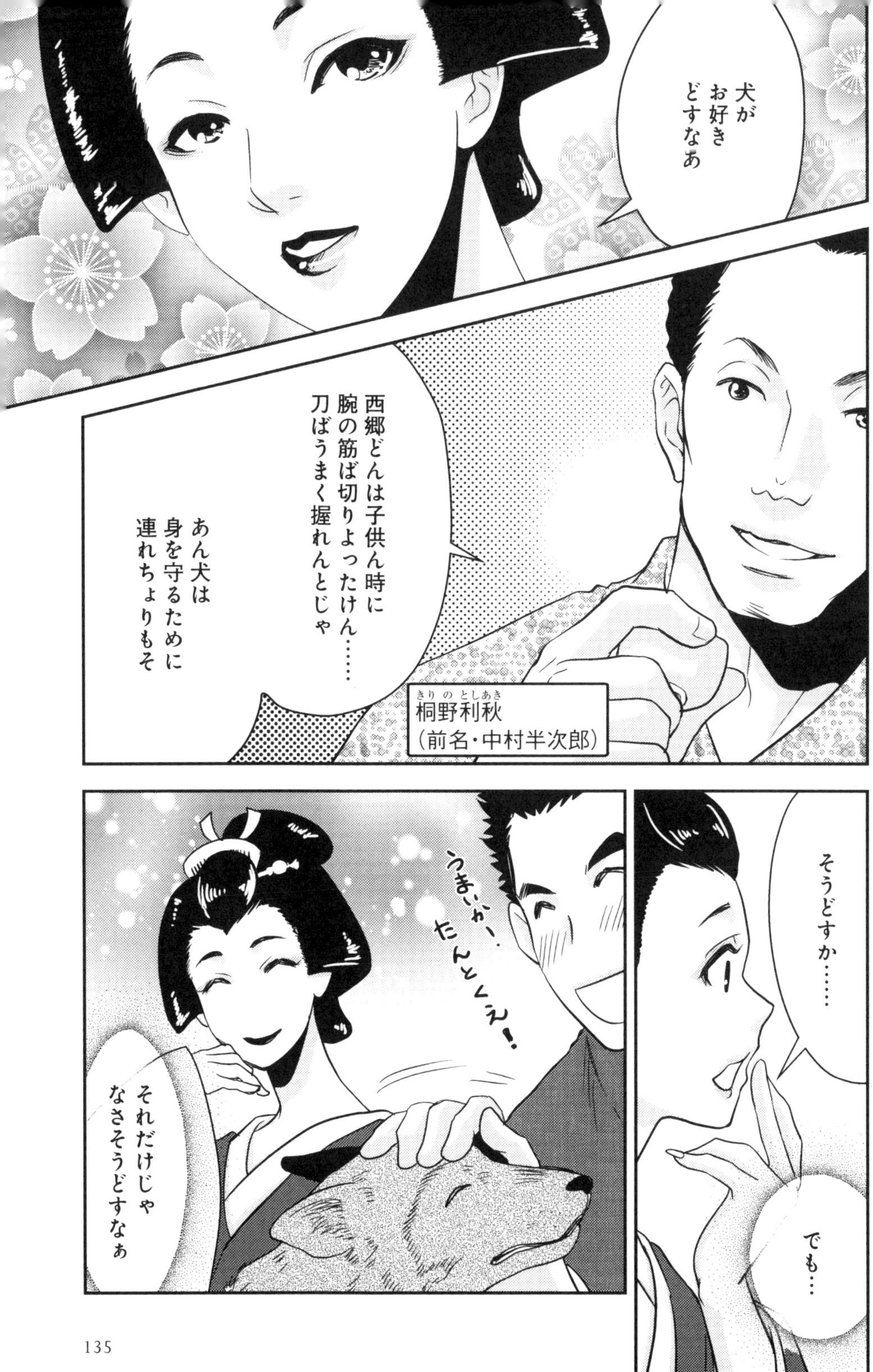
犬がお好きどすなぁ
西郷どんは子供ん時に腕の筋ば切りよったけん……刀ばうまく握れんとじゃ
あん犬は身を守るために連れちょりもそ
桐野利秋《きりのとしあき》（前名・中村半次郎）
そうどすか……
でも…
うまいか、たんとくえ！
それだけじゃなさそうどすなぁ

明治八年(一八七五)
六月十日
鹿児島 西郷邸を
管実秀《すげさねひで》ら
元庄内《しょうない》藩士らが
訪問した
ばんっ
お待たせ
しもうした
これは
何ですか
どんっ
薩摩名物
豚骨で
ごわす

くちけんかもしれもはんが味はよかぞ
獣肉ですか…
おそるおそる
ぱくっ
いただきもす
カッ
ガツガツガツ
ほんにうめなぁ!!
そーかいっぱいくえ
我々庄内藩が孤立するにもゆかず敗戦無くして降伏した後も
こうして笑って飯が食えるのは

＊くちけん…薩摩の方言。「食べ慣れない」の意味。

寛大な処置を
してくれた
西郷さんの
おかげじゃ
明治十年九月二十四日
西南戦争に敗れた
西郷隆盛は自刃
その報はその日の
うちに庄内の
菅の元にも届いた
おうじゃ…
あの人は
もういない
……

ぐいっ
あんときの味は残せんけれど…
じゃが言葉なら…
——その後菅ら庄内藩士たちは
南洲翁遺訓
命もいらず名もいらず官位も金もいらぬ人は仕末に困るもの也
此の仕末に困る人ならでは艱難《かんなん》を共にして国家の大業は成し得られぬ也
西郷の遺《のこ》した言葉や教えを集め『南洲翁遺訓《なんしゅうおういくん》』を刊行するに至る

後藤ひろみの歴飯 RECIPE

豚骨

戦場や狩場などで食べられた

明治維新最大の功労者・西郷隆盛。
華々しい偉業の裏には、
九死に一生の苦難もありました。
そんな西郷さんを支えたのが
「骨をすすりてその味を賞せられた」
（『南洲翁逸話《なんしゅうおういつわ》』鹿児島県教育会編）
と紹介される「豚骨」。
薩摩藩では肉食をタブーとする風潮が
あまりなく、戦場や狩場などで、
豚骨が作られていました。
特産の麦味噌、黒砂糖、
芋焼酎で味付ける
鹿児島のソウルフードです。

豚骨　麦味噌で芳醇な香りに

材料（2人分）

骨付き豚バラ肉 …… 500～600g
大根 …… 1/2本
ごぼう …… 1本
こんにゃく …… 1枚
しょうが …… ひとかけ
サラダ油 …… 大さじ1
芋焼酎 …… 100cc
黒砂糖 …… 大さじ2～3
麦味噌 …… 大さじ4～5
水 …… 400cc

作り方

一 大根は皮をむき2～3cmの半月切りに。ごぼうは皮をこそぎ取るように洗い、乱切りにして約3分間水にさらしてアク抜き。こんにゃくは乱切りにして、熱湯で1～2分ゆでてアク抜き。しょうがは皮をむき、2mm厚くらいにスライスする。

二 圧力鍋にサラダ油を入れて熱し、骨付き豚バラ肉を入れ、強めの中火でひっくり返しながら全体に焼き色がつくまで焼く。焼けたら芋焼酎をふりかけて炒りつけながらアルコールを飛ばし、切った大根、こんにゃく、ごぼうを加えて全体をなじませ、水を加えて煮立たせていく。

三 アク、油を丁寧にすくいとり、煮汁がきれいになってきたら、しょうがと黒砂糖、麦味噌を加え、蓋をして圧力をかけ、弱火で15分くらい加熱、火を止め30分～1時間置く。

四 麦味噌は製造元によって甘さと塩味が異なるので、味見をして足りないなぁ…と思う味を黒砂糖や麦味噌で補って仕上げる。

▶西郷隆盛のソウルフード　三拍子を味わえる

鹿児島の黒砂糖、麦味噌、芋焼酎――。三拍子そろってこそ味わえる、西郷隆盛のソウルフード。絡みつくような濃厚なコクと甘み、ほのかに残る芋焼酎の甘い香り、そんな郷土料理です。本編コミックで庄内藩士が「あの日に比べると今ひとつ」と思ったのは、庄内で手に入る普通の砂糖と米味噌、焼酎代わりの日本酒で作ったからかも……。

麦味噌

麦味噌は大麦に麹菌を繁殖させた麦麹と大豆、塩で作られ、豊かな甘さと風味が特徴です。淡い白色で甘さ際立つフレッシュ麦味噌と、これを熟成させた深くてコクのある赤味噌があります。両方お取り寄せして食べ比べてみて！　鹿児島醤油も超おススメです。

焼酎

焼酎には麦・米・芋の三種類がありますが、このお料理には絶対に芋焼酎を使ってください。麹には黒麹・白麹・黄麹があります。黒麹は泡盛に使われ、元々焼酎造りに使われた原点の麹、その味わいは濃くて重厚、ちょっと辛口で力強いのが特徴です。

握り飯に味噌を塗った西郷さんの弁当

◆衣食住に頓着せず

大きな目玉に鋭い光を湛《たた》え、寡黙で己れの心情などを語ることの少なかった西郷隆盛――。その存在は明治維新において、とてつもなく大きなものでした。

ただし、若いころの西郷は苦難の連続。薩摩藩主・島津斉彬《しまづなりあきら》を敬慕して庭方役《にわかたやく》（非公式の側近）として付き従ったものの、安政《あんせい》の大獄による追及と、斉彬の死後に後継の久光の不興を買うなどして、二度の島生活を経験しています。まさに、死と隣り合わせの生活を強いられました。

こうした境遇の中、彼が自暴自棄にならず、運命と向き合えたのは、自殺未遂を経験したからだと言われています。安政の大獄で月照《げっしょう》という僧侶とともに、錦江湾《きんこうわん》に身を投げたものの、自分一人だけが救助されてしまいました。このことから、

「命もいらず、名もいらず」

との境地に到達し、無私無欲をきわめ、至誠の心を錬磨して、西郷は天下の人望を集めたのです。

その結果、官軍のリーダーとして明治維新を実現させました。

――しかし、運命は酷薄です。

明治元年（一八六八）、四十二歳の西郷が維新の実現に邁進した理想は、日々、新政府をとりまく現実の前に萎《しぼ》んでいきました。

新政府の官僚たちは驕《おご》りたかぶり、国政を壟断《ろうだん》。明治六年十月、西郷は〝征韓論《せいかんろん》〟の政争を挟んで、ついに下野《げや》する決意をしたのです。

当時、西郷は賞典禄《しょうてんろく》二千石、月給五百円（現在の貨幣価値で、最低でも五百万円）の収入がありました。

しかし衣食住のことごとくに関心のなかった西郷は、参議・陸軍大将・近衛都督《このえととく》を兼ね、朝野《ちょうや》の声望を一身に集め、何不自由のない環境にありながら、太った身体に合う着物すらつくりませんでした。

政府高官の高島鞆之助《たかしまとものすけ》（薩摩藩出身）は、「よく不恰好《ぶかっこう》な奴を出すので、

大笑いだった」と証言しています。

食事も同様で、昼の弁当は握り飯に味噌を塗り、竹の皮で包んだものを持って、政庁へ出かけました。

鹿児島に帰ってからも、昼食の多くは「薩摩芋一銭平均」であったとか。自ら吉野の開墾や私学校の建設にも携わり、ときには農耕馬に肥料桶をおわせて手綱をとり、

「武村《たけむら》の吉《きち》ごわすが、肥料《こえ》があれば汲《く》ませちくだっさい」

と人糞を貰い歩き、手作りの大根を肥料代に渡していました。

◆「ヤシゴロではごわはん」

こうした西郷の数少ない娯楽といえば、多忙な中、時間を捻出し、下僕をともなって狩猟と温泉に出かけることでした。

庭いじりにも関心がなく、軸物《じくもの》や刀剣類のコレクションとも無縁であったことを思うと、西郷はさしずめアウトドア派だったのでしょう。

西郷は狩りの獲物は、兎《うさぎ》であれ山鳥であれ、好んで食べました。彼は若いころから、酒をほとんど嗜《たしな》まなかっただけに、食べるほうに多少は関心があったのかもしれません。

余談ながら、犬を偏愛したのも、西郷らしさの特徴といえるでしょう。いい犬がいると聞くと、いかに高価であろうと値切ることもなく、幾匹でも求めました。

日本の行く末を思い悩み、新政府の不甲斐なさを嘆き、日々悶々とする西郷にとって、無邪気に戯れる犬を相手に、一刻、童心に返るのも必要欠くべからざることであったのかもしれません。

普段はどんぶり飯に鶏卵を割って混ぜ、愛犬に食べさせ、ときには、ブリなどを半《はん》搗《つ》き米に炊き込んで与えたこともあったようです。

とにかく西郷が大食漢であったのは確かで、鰻のほか、カステラ、ぼんたん飴――なんであっても、三人前は食べました。

「じゃどん、自分はヤシゴロではごわはん」

西郷はよく、弁解していました。

〝ヤシゴロ〟とは、「意地汚い」という意味の薩摩言葉です。

いずれにせよ、西郷の大食はストレスもあり、戊辰戦争に突入しても変わることはありませんでした。

一時期、征韓論の実現に向け、節食と下剤の使用、それに散歩による治療法で、腹の脂肪を薄くしたものの、論争でついに敗れ、西郷は下野。その後、再び太りはじめた彼の腹は、見蕩《みと》れるばかりの太鼓腹になってしまいました。

明治十年、西南戦争に担がれて出征した西郷は、九月二十四日、故郷の城山でこの世を去ります。一代の巨星の、享年は五十一でした。

加来耕三（かく・こうぞう）

歴史家・作家。1958年大阪市生まれ。奈良大学文学部史学科卒業後、同大学文学部研究員を経て、現在は大学・企業の講師をつとめながら、独自の史観にもとづく著作活動を行っている。『歴史研究』編集委員。内外情勢調査会講師。中小企業大学校講師。政経懇話会講師。主な著書に『渋沢栄一と明治の起業家たちに学ぶ　危機突破力』『歴史の失敗学』（いずれも、日経ＢＰ）、『立花宗茂　戦国「最強」の武将』（中公新書ラクレ）、『幕末維新の師弟学』（淡交社）、『日本史に学ぶ成功者たちの勉強法』（クロスメディア・パブリッシング）、『「気」の使い方』『天才光秀と覇王信長』（いずれも、さくら舎）などのほか、テレビ・ラジオ番組の監修・出演も多数。「コミック版日本の歴史」シリーズ（既刊78巻・ポプラ社）の企画・監修・構成をつとめる。

北神 諒（きたかみ・りょう）

漫画家・イラストレーター。主に児童書、企業系漫画などで活躍。主な作品に『学研まんがNEW日本の伝記　紫式部 はなやかな王朝絵巻『源氏物語』の作者』『コミック版 世界の伝記 メアリー・アニング』（ポプラ社）、法務省のウェブサイト「大人への道しるべ」などがある。

後藤ひろみ（ごとう・ひろみ）

ふくい歴女の会会長。福井高専卒。福井県立歴史博物館併設カフェ代表。歴史研究会会員。主な作品に『幕末・維新人物伝　松平春嶽』、『戦国人物伝　柴田勝家』、『幕末・維新人物伝　渋沢栄一』（ポプラ社）の原作などがある。

デザイン：八木孝枝　DTP：東海創芸　制作協力：森田健司

歴飯ヒストリア

2021年７月20日　初版第１刷発行

監　　修　加来耕三
漫　　画　北神 諒
レシピ監修　後藤ひろみ
発 行 者　佐藤 秀
発 行 所　株式会社 つちや書店
〒113-0023　東京都文京区向丘1-8-13
電話 03-3816-2071　FAX 03-3816-2072
HP http://tsuchiyashoten.co.jp/
E-mail info@tsuchiyashoten.co.jp

印刷・製本　日経印刷株式会社

落丁・乱丁は当社にてお取り替え致します。